114 Estrategias, Tácticas Mentales y Ejercicios de Tenis

Mejore su juego en 10 días

Por

Joseph Correa

DERECHOS DEL AUTOR

©2016 Finibi Inc

Todos los derechos reservados. Este libro o cualquiera de sus partes no podrá ser reproducido o utilizado de ninguna forma sin el expreso consentimiento por escrito del editor excepto por breves citaciones para reseñas del libro.

El escaneado, subida y distribución de este libro por medio de la Internet o cualquier otro medio sin el expreso consentimiento del editor o autor es ilegal y podrá ser sancionada por la ley. Sólo compre ediciones autorizadas de este libro. Por favor, consulte con su médico antes de entrenar y utilizar este libro.

INTRODUCCIÓN

La estrategia juega una parte importante en el tenis competitivo y saber cómo aplicar esas estrategias puede ayudarle a ganar más partidos contra los más duros oponentes. Estas estrategias le permitirán lograr tres cosas:

1.   Prepararse para un estilo específico de jugador.
2.   Sabrá que contra-estrategias utilizar para competir más efectivamente.
3.   Cómo ejecutar dichas estrategias basadas en su estilo de juego.

Este libro de estrategias y tácticas mentales es tamaño bolsillo y deberá mantenerlo en su bolso de tenis o donde lo tenga a la vista para estar listo para aplicar la estrategia que sea más útil para ese partido.

Los ejercicios de puntos y los ejercicios avanzados de tenis son divertidos y muy entretenidos para los jugadores que los practican. Algunas veces los ejercicios con soga pueden ser difíciles de completar, pero no se desanime. Siga trabajando duro y eventualmente logrará hacerlos correctamente. Este estilo inusual de entrenamiento le ayudará a mejorar su control sobre pelotas altas, pelotas bajas, tiros altos con efecto y tiros bajos de costado con poco o sin efecto. También mejorará su habilidad para dirigir la pelota hacia lugares específicos en la cancha y también logrará ser mucho más consistente. Una vez que complete este entrenamiento se sentirá más completo como jugador de tenis y disfrutará de hacer que sus oponentes trabajen más duro que antes.

Si usted es un principiante o está en un nivel intermedio, aún puede realizar estos ejercicios ya que no sólo lo harán un mejor jugador que lo que ya es ahora, aunque podría sentir que se requiere cierta perseverancia para lograrlo bien.

Todo lo explicado aquí asume que usted es un jugador diestro pero simplemente puede hacer lo opuesto si es zurdo. Fue hecho de esta manera para simplificar las cosas pero puede aplicarse tanto en jugadores diestros como zurdos.

ACERCA DEL AUTOR

Hola, mi nombre es Joseph Correa y he estado entrenando y enseñando tenis por más de 15 años. He jugado al tenis profesionalmente por años y soy ahora entrenador profesional certificado por el USPTR (Registro Profesional de tenis de los Estados Unidos).

Luego de años de competir y entrenar con algunos de los mejores del mundo he aprendido que la mayoría de la gente puede ser muy exitosa en la competencia con un correcto entrenamiento mental, físico y emocional.

Está científicamente comprobado que se deben realizar técnicas, ejercicios y etapas paso a paso para alcanzar su máximo potencial y por esa razón, he preparado el primer grupo de DVDs y libros de entrenamiento que muestran como alcanzar sus objetivos.

Con la ayuda de mi trabajo y enseñanza, he ayudado a que cientos de jugadores de tenis, principiantes y profesionales, avancen en sus objetivos físicos, mentales y de rendimiento para obtener grandes resultados.

Le enseño todo lo que necesita para alcanzar sus objetivos y espero que disfrute y comparta estas lecciones e ideas con aquellos a quienes ama. Para conocer más acerca de las lecciones enseñadas en mis libros y DVDs visite:

tennisvideostore.com. Muchos más libros serán publicados este año con ejercicios y técnicas avanzadas.

TABLA DE CONTENIDOS

Derechos del Autor

Introducción

Acerca del Autor

Materiales necesarios y preparación

CAPÍTULO 1: Contra estilos básicos de juego

1. Cómo vencer al jugador de línea de fondo
2. Qué hacer contra el corredor de red
3. Cómo vencer al rematador
4. Cómo vencer al jugador de saque y volea
5. Cómo dominar al jugador polivalente
6. Cómo superar al lanzador de globos
7. Cómo vencer al empujador

CAPÍTULO 2: Contra estilos avanzados de juego

8. Qué hacer contra un jugador de golpe alto
9. Cómo superar al jugador de golpe bajo
10. Cómo dominar un gran saque
11. Cómo responder a una pelota dejada
12. Cómo superar al corredor
13. Cómo dominar un buen golpe de derecha
14. Cómo superar un buen golpeador

CAPÍTULO 3: Contra los estilos de juego inusuales

15. Cómo vencer al gemidor
16. Cómo vencer al jugador que pierde tiempo
17. Cómo superar al jugador rápido
18. Cómo contra-restar al favorito de la hinchada
19. Cómo reaccionar ante ángulos suaves
20. Cómo reaccionar ante disparos profundos y altos
21. Cómo superar una bola alta de revés
22. Cómo vencer al jugador de tiros chatarra

CAPÍTULO 4: Estrategias mentales

23. Cómo superar los nervios
24. Cómo vencer el estrés en un partido
25. Cómo mantenerse concentrado hasta el final
26. Qué hacer durante los cambios de lado
27. En qué pensar antes del partido
28. En qué pensar la noche anterior al partido
29. Qué hacer cuando va un set abajo
30. Qué hacer cuando va un set arriba
31. Qué hacer cuando tiene un punto de partido
32. Qué hacer luego de un saque de doble falta

CAPÍTULO 5: Tácticas mentales

33. "Conozca a su oponente"
34. "El partido termina, cuando termina"
35. "Prepárese para el éxito"

36. "Mantenga su cara de nada"
37. "Oculte sus debilidades, explote las de ellos"
38. "Aquel que logra meter la pelota adentro, gana"
39. "Sea fiel a sí mismo"
40. "Aquel que golpea primero, golpea dos veces"
41. "Sea falso para ganar"
42. "Derrumbe las paredes"
43. "Aprenda de cada partido"
44. "Adquiera sabiduría"
45. "Sepa sus reglas"
46. "Arme su tablero de ajedrez"
47. "Encuentre su patrón de juego"
48. "El peón le hace jaque mate al rey"
49. "Arme una base"
50. "No deje que se seque su aljibe"
51. "La mente por sobre el problema"
52. "Dé regalos solamente para los cumpleaños"
53. "Debe tener un corazón de león"
54. "Elija su arma"
55. "Perfección por imitación"
56. "El trébol de cuatro hojas"
57. "Humor para los valientes"
58. "Vaya donde está la fiesta"
59. "Pasos de bebé para los gigantes"
60. "Su segundo servicio: que le sirva bien"

CAPÍTULO 6: Ejercicios con máquina lanza-pelotas de tenis

1. Golpeando sobre la soga de derecha cruzado
2. Golpeando sobre la soga de revés cruzado
3. Golpeando sobre la soga hasta la línea de derecha
4. Golpeando sobre la soga hasta la línea de revés
5. Golpeando sobre la soga alternando derecha y revés cruzados
6. Golpeando sobre la soga alternando derecha y revés hasta la línea
7. Golpeando por debajo de la soga de derecha
8. Golpeando por debajo de la soga de revés
9. Golpeando por debajo de la soga hasta la línea de derecha
10. Golpeando por debajo de la soga hasta la línea de revés
11. Golpeando por debajo de la soga alternando golpes de derecha y de izquierda cruzados
12. Golpeando por debajo de la soga alternando golpes de derecha y de revés hasta la línea.

CAPÍTULO 7: Ejercicios con pelota viva

SOBRE LA SOGA

13. Sobre la soga 20 pelotas con efecto alto de derecha a carrera con golpe de derecha cruzado (consistencia)

14. Sobre la soga 20 pelotas con efecto alto de derecha a carrera con golpe de revés hasta la línea (consistencia)
15. Sobre la soga 20 pelotas con efecto alto de derecha a carrera con golpe de derecha hasta la línea (consistencia)
16. Sobre la soga 20 pelotas con efecto alto de revés a carrera con golpe de derecha hasta la línea (consistencia)
17. Sobre la soga 20 pelotas con una persona lanzando golpes cruzados mientras que la otra realiza tiros directos a la línea (consistencia figura 8)
18. Sobre la soga 20 pelotas con una persona lanzando hacia la línea mientras que la otra realiza golpes cruzados (consistencia figura 8)

EJERCICIOS BAJO LA SOGA

19. Por debajo de la soga 20 pelotas con golpes de derecha cruzados a golpe de derecha con carrera
20. Por debajo de la soga 20 pelotas de revés cruzado a golpe de revés con carrera
21. Por debajo de la soga 20 pelotas hasta la línea de derecha a golpe de revés con carrera
22. Por debajo de la soga 20 pelotas hasta la línea de derecha a golpe de derecha con carrera
23. Por debajo de la soga 20 pelotas golpe de revés cruzado de costado con carrera
24. Por debajo de la soga 20 pelotas con una persona lanzando tiros cruzados mientras que la otra sólo golpea hasta la línea para crear una figura 8

25. Por debajo de la soga 20 pelotas con una persona lanzando hasta la línea mientras que la otra sólo lanza golpes cruzados para crear la figura 8

EJERCICIOS SOBRE Y DEBAJO LA LÍNEA

26. Una persona golpea de derecha con efecto alto sobre la soga mientras que la otra lanza un golpe de derecha cruzado por debajo de la soga

27. Una persona golpea de revés con efecto alto sobre la soga mientras que la otra lanza un golpe de revés cruzado por debajo de la soga

28. Una persona golpea de derecha con efecto alto sobre la soga mientras que la otra golpea de revés hasta la línea por debajo de la soga

29. Una persona golpea de revés con efecto alto sobre la soga mientras que la otra golpea de derecha hasta la línea por debajo de la soga

30. Una persona golpea de revés con efecto alto sobre la soga mientras que la otra golpea de revés cruzado por debajo de la soga

31. Una persona golpea de derecha con efecto alto sobre la soga mientras que la otra golpea de derecha cruzado hacia adentro y hacia afuera por debajo de la red

CAPÍTULO 8: Ejercicios de puntos

32. Puntos hasta 10 sólo sobre la soga sin saque
33. Puntos hasta 10 sólo por debajo de la soga sin saque

34. Puntos hasta 10 dónde sólo una persona puede tirar sobre la soga mientras que la otra sólo puede lanzar por debajo de la soga sin saque

35. Puntos hasta 10 (con saque) sobre la soga (el saque pasa por debajo de la soga todas las veces a no ser que esté lanzando un tiro con efecto alto o un golpe fuerte)

36. Puntos hasta 10 (con saque) por debajo de la soga (el saque por debajo de la soga todas las veces a no ser que usted esté lanzando un tiro con efecto alto o un golpe fuerte)

CAPÍTULO 9: EJERCICIOS DE PUNTOS NORMALES SIN SOGA

37. Puntos hasta 10 sin saque sólo con golpes de derecha cruzados

38. Puntos hasta 10 sin saque sólo de revés cruzados

39. Puntos hasta 10 sin saque sólo hasta la línea de revés a derecha

40. Puntos hasta 10 sin saque sólo hasta la línea de derecha a revés

41. Puntos hasta 10 con saque sólo de derecha cruzados

42. Puntos hasta 10 con saque sólo de revés cruzados

43. Puntos hasta 10 con saque sólo hasta la línea de derecha

44. Puntos hasta 10 con saque sólo hasta la línea de revés

45. Puntos hasta 10 donde una persona sólo puede lanzar tiros cruzados y la otra sólo puede lanzar hasta la línea sin saque

46. Puntos hasta 10 donde una persona sólo puede lanzar hasta la línea y la otra sólo puede lanzar tiros cruzados sin saque

47. Puntos hasta 10 donde una persona sólo puede lanzar tiros cruzados y la otra sólo puede lanzar hasta la línea con saque

48. Puntos hasta 10 donde una persona sólo puede lanzar hasta la línea y la otra sólo puede lanzar tiros cruzados con saque

49. Puntos hasta 10 sin saque. Complete puntos normales sin seguir ningún patrón de juego.

50. Puntos hasta 10 con saque. Complete puntos normales sin seguir ningún patrón de juego.

51. Juegue un set completo con saque jugando solamente con tiros cruzados mientras su compañero sólo lanza hasta la línea.

52. Juegue un set completo con saque jugando solamente tiros hasta la línea mientras que su compañero sólo lanza tiros cruzados.

53. Juegue un set completo utilizando el patrón de juego que desee.

54. Juegue un partido completo utilizando el patrón de juego que desee.

OTROS TÍTULOS POR JOSEPH CORREA

MATERIALES NECESARIOS Y PREPARACIÓN

Usted necesitará:

1 cancha de tenis

1 soga lo suficientemente larga para ser atada a ambos extremos de la cancha

Alguien que le lance las pelota y alguien que le devuelva sus tiros para esa parte del entrenamiento.

Preparación:

Mida alrededor de 2-3 pies desde la altura de la red así puede atar la soga a esta altura a ambos lados de la reja (u otro objeto alrededor de la cancha). Tome una regla y mida 2 pies por encima de la altura de la red para jugadores avanzados y 3 pies para lograr una dificultad normal.

CAPÍTULO 1: Contra los estilos básicos de juego

Estrategia #1

Cómo vencer al jugador de línea de fondo

Problema:

Un buen jugador de línea de fondo se siente cómo allí y prefiere no ir hasta la red. Por esta razón, la mejor estrategia es atraer al jugador hasta la red con disparos defensivos donde se encontrará en la peor situación y probablemente logre base o simplemente pierda una simple volea.

Solución:

Una de las mejores formas de vencer al jugador de línea de fondo es atraerlo a la red mediante alguno de estos tiros: un golpe corto y bajo, un golpe de bajada corto, un golpe corto y alto con efecto o un golpe corto angular.

Si usted dispara un golpe corto y bajo, el jugador se verá tentado a correr hacia la red y si el golpe es muy corto, se verá forzado a dejar la línea de fondo y adelantarse para hacer una volea o tiro sobre la cabeza.

Si usted lanza un tiro corto de bajada, definitivamente logrará atraer a su oponente hasta la red ya que no tendrá otra opción más que pararse dentro de los cuadros de servicio en la red.

Si usted lanza un golpe corto y alto con efecto, el oponente no se verá obligado a ir hasta la red pero se encontrará un una muy mala posición en la cancha si no lo hace. Puede tomar ventaja de su mala posición simplemente golpeando por detrás de él.

Si dispara un ángulo corto, no sólo saldrá de la línea de fondo sino también algo fuera de la cancha, lo cual lo colocaría en una mala posición si no intenta cubrir la cancha al acercarse a la red.

Si usted lanza un buen servicio, lance un saque y volea o corra a la red para sorprenderlo y obtenga algunos errores gratis de tanto en tanto.

Estrategia # 2

Qué hacer contra el corredor de red

Problema:

El corredor de red está siempre listo para moverse hacia adelante mayormente en los segundos servicios, en los tiros débiles y en las pelotas cortas. Sus mejores lanzamientos son normalmente sus voleas y tiros sobre la cabeza. Se apresurarán hacia la red luego del saque. Ellos ganan la mayoría de sus puntos al ejercer presión en la red, lo que provoca errores y malas decisiones en sus oponentes.

Solución:

La mejor solución es simplemente mantener al corredor de red en la línea de fondo logrando su primer servicio adentro, aún cuando eso signifique una mayor utilización de energía y ubicar la pelota. También, lance profundos golpes altos con efecto y golpes cruzados para mantener al corredor de red fuera de la cancha y lejos de la red. Si el corredor de red ha alcanzado la red, usted debería planificar lo siguiente:

1. Pasarlo al golpear bajo la línea
2. Pasarlo al lanzar un tiro cruzado
3. Pasarlo al lanzar un tiro corto angular
4. Hacer un globo sobre su lado del revés con un tiro llano con efecto o con un tiro corto con efecto.
5. Golpea la pelota directamente a su cuerpo para sacarlos de la guardia y frenarlos.

Estrategia #3

Cómo vencer al rematador

Problema:

El rematador no es quien toma la iniciativa durante el punto. Usualmente, son el tipo de jugadores que esperan a que usted tome une decisión y luego le rematan su lanzamiento. Si usted corre a la red, ellos le pasarán. Si ataca al golpear más fuerte, ellos usarán su energía y jugarán en la cancha libre. Este tipo de jugadores pueden ser un gran problema cuando usted no sabe cómo jugar contra ellos. Cuanto más duro y más rápido juegue, es mejor para ellos si usted no tiene una estrategia específica.

Solución:

Para vencer al rematador, usted necesita comprender que la mayoría del tiempo si usted quiere atacar, necesita asegurarse que tiene un patrón de antemano que pueda poner en práctica durante el punto del partido. Algunos ejemplos serían:

- Lance su saque amplio y golpee a la cancha abierta.
- Lance su golpe a la cancha abierta y luego siga su disparo hasta la red para poner más presión sobre su oponente y cerrar el punto.
- Golpee una pelota corta y fuerce a su oponente a tomar la iniciativa al venir a la red.

Estrategia #4

Cómo vencer al jugador de saque y volea

Problema:

Los jugadores de saque y volea son rápidos y decisivos. No parpadearán cuando tengan la oportunidad de terminar el punto. Ellos harán un saque fuerte con energía o con efecto y luego lo seguirán hasta la red.

Solución:

La mejor estrategia para este estilo de juego es desacelerarlos o detenerlos cuando vienen. Las mejores tres formas de frenarlos y lograr que cometan más errores son:

1. Devuelva el saque de su oponente a sus pies así deberá golpear una media volea.
2. Devuelva su saque justo en el cuerpo de su oponente para que deba alejar su cuerpo para la volea. Esta puede no ser una bonita manera de frenarlo pero sí

funciona y es otra herramienta cuando no tiene otras opciones.

3. Lance un globo. Simplemente devuelva una pelota alta y profunda y luego debería retroceder en caso de que su oponente decida hacer un tiro fuerte sobre la cabeza, algo que muchos intentarán hacer. Si lanza un globo lo suficientemente alto, su oponente deberá frenar completamente y golpear un tiro sobre la cabeza a tiempo, lo cual no es cosa sencilla cuando está ventoso, lluvioso, al mediodía o con el sol de frente, o por la noche cuando es más difícil de distinguir las distancias.

Estrategia #5

Cómo dominar al jugador polivalente

Problema:

El jugador polivalente puede hacerlo todo. Hacer un servicio y volea, remate, picar y correr a la red, ser paciente y consistente en el fondo de la cancha. Todos practican y trabajan duro para convertirse en jugadores de toda la cancha así no tendrán ningunas debilidades obvias, que harían más fácil que su oponente le ataque.

Solución:

El jugador polivalente es usualmente bueno en todo pero eso no significa que no tenga debilidades. Concéntrese en lo que hacen peor y ajuste el partido así usted hace lo mejor que sabe hacer.

Por ejemplo: Si ellos tienen un revés débil y usted tiene un golpe de derecha fuerte, debería hacer sus servicios a su revés y luego girar para lanzar un golpe de derecha. Continúe poniendo presión al lanzar golpes a su revés hasta que tenga la oportunidad de ir hasta la red o sacar la pelota. De esta manera lo forzará a jugar su estilo de juego más efectivo contra su disparo más débil. Otra buena estrategia sería atacar la red sobre su lado débil y forzarlos a cometer errores de esta forma.

Estrategia #6

Cómo superar al lanzador de globos

Problema:

Los jugadores que lanzan globos o pelotas altas una y otra vez pueden ser muy difíciles contrincantes y pueden hacerle perder su paciencia. Usted desea hacer un ataque pero ellos simplemente desaceleran todo con sus globos. Cuando usted quiere acercarse a la red, sabe que tendrá que hacer un lanzamiento sobre la cabeza.

Solución:

Usted no desea perder un partido porque sus tiros son de bajo porcentaje mientras que su oponente está lanzando tiros de porcentaje alto como los globos. El mejor plan sería hacer que salieran de su zona de comodidad y forzarlos a lanzar globos desde malas posiciones en la cancha o en ubicaciones que no les permitieran hacer un globo. Al lanzar tiros bajos angulares los forzarán a salir fuera de la cancha hacia atrás y hacia los costados lo que hace más difícil que lancen un globo debido a que la distancia desde la parte trasera de la cancha es más corta que si estuvieran lejos de la línea de fondo. Otra forma de conseguir que este tipo de jugadores fuera de su juego de lanzamiento de globos, es simplemente lanzar golpes cortos o pelotas dejadas para llevarlos hasta la red. Una vez en la red, usted puede lanzar una volea o pelota sobre la cabeza, pero sin globos! Otra manera efectiva de vencer a los lanzadores de globos es disparar tiros cortos ya que es más difícil lanzar un globo decente luego de un disparo como ese y luego puede simplemente golpear detrás de ellos luego de que lancen un globo no muy bueno. La última opción que tiene en contra de un lanza-globos es golpear la pelota al aire así la pelota nunca rebota. Esto puede ser muy efectivo si está parado en la línea de fondo y se siente cómodo balanceando pelotas en el aire.

Estrategia #7

Cómo vencer al empujador

Problema:

Los "empujadores" o jugadores consistentes que casi nunca atacan durante el juego son muy exitosos muchas veces. No cometen muchos errores y no lanzan muchas pelotas ganadoras tampoco. Ellos esperan a que usted cometa todos los errores, lo que genera una presión adicional sobre usted.

Solución:

Lo "empujadores" usualmente necesitan ser forzados a cometer errores. Una de las mejores formas de lograr que cometan errores es atrayéndolos a la red con un golpe de pelota bajada o una pelota corta y luego simplemente lanzar una volea o un tiro sobre la cabeza, lo cual es normalmente lo que hacen peor, ya que pasan tanto tiempo en la parte trasera de la cancha manteniendo la pelota constantemente en juego. Si usted tiene un buen juego de red, debería atacar la red con golpes rápidos y bajos que los forzarían a arriesgarse más al tener que ir hacia un pase o globo. Ambas estrategias son efectivas en contra de este estilo de juego.

CAPÍTULO 2: Contra estilos avanzados de juego

Estrategia #8

Qué hacer contra un jugador de golpe alto con efecto

Problema:

Los jugadores de golpes altos con efecto son cada vez más populares en el juego de hoy. Usualmente rebotan alto y rápido, lo que hace más difícil el ataque o ir hasta la red. Esto lo forzará a alejarse o adelantarse para golpear la pelota.

Solución:

Puede hacer diversas cosas para contra-atacar una pelota lanzada por un jugador de golpe alto con efecto.

1. Simplemente aléjese y deje que la pelota baje hasta una posición cómoda para usted. De esta forma no estará golpeando en o por sobre la altura de sus hombros, lo cual es un tiro muy difícil para la mayoría de las personas.

2. Puede golpear la pelota mientras se eleva antes de que esté muy alta y adentrarse en la cancha mientras lo hace. Hacer esto requiere más habilidad que dejarla caer, pero puede ser muy reconfortante si puede mantener a su oponente corriendo con su devolución rápida en la subida.

Estrategia #9

Cómo superar al jugador de golpe de rebanada bajo

Problema:

Algunos tenistas solamente lanzaran golpes de rebanada porque son muy exitosos haciendo esto o porque no saben cómo hacer otro tipo de tiros. La pelota permanecerá baja y corta lo cual lo hace más difícil para atacar o hacer golpes ganadores limpios.

Solución:

Ser paciente con este tipo de jugador lo recompensará a la larga. La clave está en no golpear sobre esos golpes bajos. Intente mantenerlos bajos y adelantarse. La mejor manera de hacer que fallen es hacerlos correr y luego cerrar la red cuando devuelvan un golpe de rebanada bajo, o mezclarles las alturas. Mezclar las alturas significa básicamente hacer un golpe bajo con efecto y luego un golpe alto con efecto y continuar este patrón hasta que no encuentren el ángulo correcto en su raqueta forzándolos a hacer un golpe muy bajo en la red o muy alto y fuera.

Estrategia #10

Cómo dominar un gran saque

Problema:

Quienes tienen un gran saque son duros oponentes por la velocidad a la que la pelota viene hacia usted. La pelota vendrá fuerte y rápida, sin ninguna advertencia.

Solución:

Mantenga un balanceo corto hacia atrás y mueva sus pies antes de que la pelota llegue. Haga el paso separado cuando su oponente esté impactando la pelota para mejorar su tiempo de reacción. El secreto para devolver saques rápidos es no sobre-golpear. Aprenda a utilizar la energía de su oponente simplemente devolviendo una pelota bien ubicada. Muchas veces notará que no necesita golpear la pelota más fuerte para que sea una buena devolución, y eso será lo más importante que debe recordar. Mueva sus pies, mantenga sus ojos en la pelota, haga un corto balanceo hacia atrás y adelántese al golpear la pelota para tener éxito con este golpe.

Estrategia #11

Cómo responder a una pelota dejada

Problema:

Las pelotas bajadas son grandes armas para tener ya que no requieren fuerza alguna. Es un tiro delicado, también conocido como golpe de toque. La pelota caída es tan valiosa como un golpe ganador o un tiro sobre la cabeza. Recuerde que la distancia que hay de lado a lado de la cancha es menor que la distancia hasta la red. Cuando lance una pelota dejada hace que su oponente realmente corra una larga distancia.

Solución:

El mejor disparo contra una pelota dejada es simplemente devolver otra pelota dejada. De esta forma tiene una chance menor de ser pasado o lanzado un globo o, inclusive ser apuntado. Si puede dominar este tiro, logrará que más de un oponente luche corriendo hacia adelante para un golpe inesperado. El segundo golpe que puede intentar en contra de la pelota dejada es disparar una profunda devolución hacia el lado más débil de su oponente y luego simplemente esperar que lance una volea o una pelota sobre la cabeza. Si desea reducir la cantidad de pelotas dejadas que su oponente le lanza, puede golpear la pelota fuerte y profundamente o mantener la pelota alta y profunda. Esto lo hará más difícil para ellos lanzar otra pelota dejada.

Estrategia #12

Cómo superar al corredor

Problema:

Los corredores son duros adversarios porque normalmente no se dan por vencidos y consiguen recuperar muchas pelotas dentro del juego. Algunos jugadores ganan sus partidos con pura velocidad. Ellos persiguen pelota tras pelota hasta que sus oponentes terminan tratando de alcanzarlas todas y finalmente pierden.

Solución:

Los corredores siempre tienen un disparo débil. Podría ser su golpe de revés, de derecha, su saque, sus voleas o sus tiros sobre la cabeza. Debe encontrar su golpe débil y comenzar a atacar ese disparo en lugar de intentar puntos ganadores. Debe comprender que su mayor fortaleza es la velocidad, por tanto debe enfocarse en lo que ellos hacen peor aún cuando esto signifique no hacer claros golpes ganadores. Debe ser paciente y permitirles cometer errores con su tiro más débil. Insista y sea persistente hasta que comiencen a cometer errores con ese tiro y no desviarse de su plan. Se tentará de terminar el punto pero siempre será recompensado si se mantiene con su plan en lugar de permitirle a su oponente hacer lo que hace mejor, que es correr las pelotas. Para vencer a este tipo de jugadores, debes atacar sus debilidades, no su velocidad ya que allí es donde usted trabajará más duros para ganar puntos. Manténgase con el plan y sea persistente.

Estrategia#13

Cómo dominar un buen golpe de derecha

Problema:

Grandes o poderosos golpes de derecha son comunes en el tenis ya que todos poseen las armas para ganar puntos y más seguido que no, sus golpes de derecha son sus tiros más poderosos. En el juego de hoy, los golpes de derecha poderosos se han transformado en una necesidad para ganar más puntos, ya que los jugadores son más rápidos y duros si quieres pasarlos.

Solución:

Los buenos golpes de derechas son grandiosos sólo si son golpeados en su zona de poder, la cual es normalmente entre la altura de las rodillas y los hombros. Si puedes conseguir que realicen disparos debajo de la altura de las rodillas y por sobre la altura de sus hombros, las posibilidades son que sus tiros de derecha no serán tan importantes. Intente lanzar golpes bajos de rebanada o tiros altos con efecto para reducir la cantidad de energía que pueden generar de ese lado.

Estrategia#14

Cómo superar un buen golpeador

Problema:

Los grandes golpeadores superan a sus oponentes en ambos laterales y hasta pueden comenzar ganando puntos con un saque brillante. Ganan puntos simplemente golpeando la pelota más fuerte que los otros.

Solución:

Debe frenar al gran golpeador con algunos lanzamientos lentos como: tiros cortos lentos, golpes de costado, tiros altos con efecto, pelotas largas, pelotas caídas y tiros angulares cortos. Los grandes golpeadores odian los cambios en las velocidades de las pelotas porque se ven forzados a ajustarse a la profundidad, altura y velocidad de la pelota. Después de un tiempo estos cambios en velocidad, efecto y altura hacen que los grandes golpeadores fallen o deban frenar para reducir sus errores. Allí es cuando tiene su plan para sacarlos del juego y puede comenzar a ganar más puntos.

CAPÍTULO 3: Contra los estilos de juego inusuales

Estrategia #15

Cómo vencer al gemidor

Problema:

El "gemidor" pude sonar alto y distraer. Hará sus gemidos cada vez que golpea la pelota e incrementará el sonido del gemido dependiendo de la longitud del punto, de la importancia del punto, o de qué tan cansado esté.

Solución:

Aprenda a concentrarse en los aspectos más importantes de su juego, como respirar y el trabajo de piernas. Concentrare demasiado en lo que su oponente está haciendo, lo distraerá y lo alejará de su mejor juego de tenis. Encuentre cosas en las que pueda enfocarse entre cada punto como: ajustar sus cuerdas, atar los cordones de sus zapatillas si están desatados o sueltos, secarse el sudor con la toalla si está transpirado. Si aún es demasiada distracción para usted, haga un gemido usted también.

Estrategia #16

Cómo vencer al jugador que pierde tiempo

Problema:

Los jugadores que intencionalmente retrasan el tiempo entre puntos y en los cambios de lado buscan controlar el tempo del partido. Algunos jugadores necesitan jugar rápido para mantener su propio tempo mientras que a otros no les importa jugar más lento. Desacelerar un partido cuando está perdiendo es una gran estrategia ya que le da más tiempo para corregir errores o volverlo nuevamente a la pista. Cuando alguien le hace esto a usted, puede ser difícil encontrarse con su juego nuevamente.

Solución:

Concéntrese en lo que debe estar haciendo. No caiga en su trampa al demorar el juego. Simplemente esté preparado cada vez y muéstrese listo para jugar.

Estrategia #17

Cómo superar al jugador rápido

Problema:

Algunos jugadores prefieren apurar los puntos, sin permitir a sus oponentes tomarse su tiempo para pensar, lo que causa más errores o tal vez no esté acostumbrado a ser apurado. Usualmente toman cortos recreos para beber agua y ya están listos para lanzar su saque antes de que usted llegue a la línea de fondo.

Solución:

Cuando alguien está continuamente apurando el juego, el mejor plan es simplemente desacelerar las cosas hasta donde usted se sienta cómodo a saber que no cometerá errores por ser apresurado. Algunas de las mejores formas de alcanzar esto son:

- Secarse con su toalla, beber agua y respirar lentamente durante los cambios.

- Apoyar su toalla sobre la reja trasera o del costado de la cancha así le dará tiempo para caminar hasta la toalla para sacarse y así frenar un poco el juego.
- Ate los cordones de sus zapatillas antes de su saque o antes de devolver un saque.
- Ajuste las cuerdas de su raqueta antes de su saque o antes de devolver un saque.

Estrategia#18

Cómo vencer al favorito de la hinchada

Problema:

Los jugadores favoritos de los espectadores pueden tener bastante hinchada durante los puntos. Algunas hinchadas y familiares pueden ser muy ruidosos e intensos lo que hace difícil para cualquiera concentrarse en el partido. Aplauden cuando pierdes un punto. Aplauden en puntos importantes y en medio de los intercambios.

Solución:

Los favoritos de la gente son oponentes difíciles cuando van ganando pero cuando están perdiendo, las cosas se tranquilizan. Concéntrese en comenzar el partido ganando y quédese en lo alto. Cuanto mejor sea su postura de líder, menos ruido oirá de la gente. Algunos de sus fanáticos, familiares u otras personas dejarán el partido, lo cual significará menor distracción para usted, y mejores resultados. Si usted es el tipo de jugador que disfruta tener la hinchada en contra mientras compite, aún así le recomendaría que comience ganando y se mantenga arriba hasta que finalice el partido. Los favoritos de la hinchada son sólo favoritos mientras van ganando o al menos tienen una chance de ganar pero si usted puede comprobar que no tendrán ninguna chance, usted lo pasará mejor.

Estrategia #19

Cómo reaccionar ante ángulos suaves

Problema:

Los ángulos suaves son grandes armas para tener porque fuerzan a los jugadores a salir de la línea de fondo y entran en el frente y lado de la cancha. Esto abre la cancha completamente para tu oponente y le permiten prácticamente tener control absoluto del punto.

Solución:

La mejor manera de contra-restar un tiro angular suave es hacer una de estas tres cosas:

- Seguir la pelota hasta la red y cortar el ángulo que ha sido creado.
- Devolver otro tiro cruzado angular y retirarse hasta la mitad de la cancha.
- Lanzar un golpe de pelota bajada justo frente s usted para traer a su oponente a la red y luego cubrir la

mitad de la cancha para bloquear cualquier posibilidad de un tiro pasado.

Estrategia #20

Cómo reaccionar ante disparos profundos y altos

Problema:

Los tiros largos y altos, si son consistentes, causarán muchos errores por parte de los tenistas. Básicamente le empujan hacia atrás, detrás de la línea de fondo y lo fuerzan a caer hacia atrás lo que reduce la cantidad de energía que puede generar para su próximo disparo. Ya sean con o sin efecto, aún representarán una amenaza y requieren de un buen contra-ataque.

Solución:

Los lanzamientos altos y profundos pueden ser tratados en un número de formas:

- Puede posicionarse atrás y devolver otro tiro alto y largo y ver cómo su oponente reacción a este lanzamiento.
- Puede golpear la pelota en la subida cuando la pelota rebota.

- Puede devolver un golpe de costado para mantener la pelota baja y corta.

Además de devolver los tiros altos y largos, también puede evitar que hagan estos tiros:

- Lanzando un tiro de costado y de ángulo bajo o golpes altos con efecto.
- Atrapando la pelota en el aire al golpearla con una volea o volea balanceada para evitar que la pelota aterrice de lleno.
- Dando golpes cortos de costado que forzarán a su oponente a adentrarse en la cancha y lo harán más difícil para ellos conseguir otro golpe largo y alto en forma certera.

Estrategia#21

Cómo superar una pelota alta de revés

Problema:

Los tiros altos de revés son de los más problemáticos para la mayoría de los jugadores, especialmente si tienes un revés de una sola mano. Estos tiros altos de revés requieren más fuerza para volver a la cancha y los reveses normalmente no son los mejores para tiros altos.

Solución:

Puede sobreponerse a un tiro alto de revés de tres maneras:

1. Puede girar alrededor de su revés y golpear de derecha

2. Puede golpear su revés en la subida antes de que sea un revés alto.

3. Puede retroceder tan lejos como sea necesario como para golpear a media altura o hacer un revés bajo.

Estategia#22

Cómo vencer al jugador de tiros chatarra

Problema:

Los jugadores de tiros chatarra lanzan pelotas poco ortodoxas con efectos tramposos y normalmente no tienen buena técnica pero embocan la pelota dentro de la cancha y no hacen nada fácil devolver sus tiros. Algunos de los tiros que utilizan son: golpe de costado, medio golpe de costado, medio golpe alto con efecto, globos, pelotas caídas que rebotan y vuelven a la red y golpes de toque suave.

Solución:

Cuando no sabe que esperar, la mejor solución es quedarse sobre sus pies y estar preparado para golpear todo tipo de tiros. Asegúrese de acercarse a la pelota ya que se moverá más de lo normal. Si no se siente cómodo por la forma en que rebota la pelota, ataque la red donde estará golpeando la pelota en el aire y no deberá preocuparse por la forma en que rebota la pelota.

CAPÍTULO 4: Estrategias mentales

Estrategia #23

Cómo superar los nervios

Problema:

Ponerse nervioso durante un partido de tenis es una reacción natural. Lo importante es no permitir que sus nervios interfieran en su forma de desenvolverse en el partido. Algunas veces, estar muy nervioso hace que uno se paralice durante puntos importantes que lo obligan a cometer errores tontos o a aumentar sus chances de fallar.

Solución:

Existen numerosas maneras de superar los nervios:

- Mueva sus pies. Muchas veces, cuando se pone nervioso, uno deja de mover los pies lo que incrementa los errores. Mover sus pies más y rápidamente lo ayudarán a alcanzar la pelota mejor y lo relajarán durante el punto.

- Respire hacia adentro y hacia afuera durante el punto. Hacia adentro cuando la pelota viene hacia usted y hacia afuera cuando impacta la pelota. Cuando no está jugando un punto, es aún más importante respirar profundamente para relajar sus músculos y ayudarle a concentrarse en la estrategia en lugar de pensar en lo que siente.

- Baje su nivel de intensidad. Intente pensar positivamente acerca de lo que planea hacer durante ese punto y respire profundamente y lentamente para bajar su ritmo cardíaco.

Estrategia #24

Cómo vencer el estrés en un partido

Problema:

El estrés es otro factor natural que ocurre cuando uno se siente tenso y bajo presión al jugar el partido o por otras fuerzas externas como pueden ser familiares, amigos, llegar tarde, olvidarse parte de su equipo de tenis, las condiciones climáticas, etc.

Solución:

Para superar el estrés debe entender qué es lo que causa el estrés en primer lugar. Si llega tarde a su partido, debe asegurarse de tomarse su tiempo y no apurarse. No recuperará el tiempo perdido por apurarse. Eso seguramente le proporcionará más tiros fallidos que otra cosa. Si está estresado por el tiempo y siente que podría comenzar a llover, debería concentrarse un punto a la vez, y dejar que el tiempo haga lo que quiera sin importar lo que esté ocurriendo en el partido. Si se trata de un miembro de la familia quien está causándole estrés, deberá intentar enfocar su atención en su partido y bloquearlo de su mente si le están afectando negativamente. También puede pedirle que se mantenga quieto durante el partido o simplemente que se retire y vuelva una vez que el partido ha terminado. Sus familiares quieren que sea exitoso pero el estrés del partido puede ser demasiado para ellos. Concéntrese en lo que está causando el estrés y resuélvalo así puede concentrarse en ganar.

Estrategia #25

Cómo mantenerse concentrado hasta el final

Problema:

Mantenerse concentrado en su partido hasta que termine no es una tarea fácil ya que requiere un gran trabajo. Algunas personas empiezan bien pero terminan terriblemente mal debido a la falta de concentración. Otros nunca se concentran lo suficiente para cerrar un juego o un set.

Solución:

Mantenerse concentrado durante el partido entero requiere de un par de cosas:

1. Necesita tener recordatorios visuales que le ayuden a tener en mente qué es lo más importante para usted en el partido o qué es lo que le ayuda a ganar más puntos. Una de las mejores formas de lograr esto es tener algunas anotaciones escritas en papel que puede

mirar en los cambios. De esta forma recordará lo que debe estar haciendo.

2. Escriba en una pegatina dos o tres cosas importantes que le ayudarán a mantenerse enfocado en su partido y luego ubique la pegatina en un lugar seguro de su raqueta donde no se saldrá. La parte interna del cuello de la raqueta de tenis es un gran lugar para colocar una pegatina. El cuello de la raqueta de tenis se encuentra ubicado entre la empuñadura y las cuerdas.

Estrategia#26

En qué pensar durante los cambios de lado

Problema:

Los cambios de lado suelen ser los tiempos más subestimados para pensar durante un partido de tenis. En qué debería estar pensando? Está cansado y sediento, entonces por qué debería estar pensando en algo? Buenos, los cambios de lado son el mejor momento para hacer lo más importante en el tenis que es pensar para encontrar soluciones a los problemas que está teniendo en el partido y finalmente lograr ganar.

Solución:

Durante los cambios de lado usted debería estar pensando en qué es lo está haciendo para ganar puntos y qué está haciendo para perderlos. Si no está ganando deberá descifrar por qué.

Tal vez su oponente esté tomando el control del punto desde el comienzo y esté forzándolo a hacer sólo reveses y no lo permita usar su golpe de derecha, que tal vez sea su mejor golpe.

Quizás no está moviendo sus pies lo suficiente y necesite enfocarse más en ello.

Tal vez esté cansado y quiera ganar más rápido pero no sabe cómo hacerlo pero durante el cambio de lado se dé cuenta de que necesita ser más agresivo y posiblemente deba atacar la red más o lanzar más pelotas dejadas.

Tal vez su oponente no esté haciendo nada especial y sea usted quien esté cometiendo todos los errores. Se da cuenta de esto durante el cambio de lado y decide que necesita comenzar a mantener la pelota en juego por más tiempo o forzar a su oponente a cometer más errores.

Estrategia#27

En qué pensar antes del partido

Problema:

Antes del partido es importante pensar y repasar las cosas como preparar un plan de ataque, pero saber en qué pensar hace una gran diferencia cuando se trata de ganar o perder.

Solución:

Sí, durante el partido usted debería hacer todo lo posible por intentar no pensar demasiado pero antes del partido definitivamente debería prepararse para lo que hará durante el partido así puede estar en piloto automático durante el partido y simplemente ejecutar lo que pensó de antemano. Debería estar pensando en qué necesita hacer para ser el más exitoso. Esto podría incluir:

- Mover sus pies.
- Lanzar la pelota bien alto en su saque.
- Completar su golpe en sus golpes de piso.

- Mantener sus ojos en la pelota.
- No apresurarse durante los puntos.
- Atacar las debilidades de su oponente desde el comienzo.
- Atacar el segundo servicio de su oponente.
- No permitir que los alrededores le distraigan.

Estrategia#28

En qué pensar la noche anterior al partido

Problema:

La noche anterior al partido debería descansar y pensar solamente acerca de las cosas sobre las cuales tiene control. No se preocupe por cosas que no le beneficiarán de ninguna manera, como la lluvia, el viento, etc. Asegúrese de que su cuerpo y mente descansen la noche anterior al partido ya que no desea comenzar un nuevo día cansado o débil.

Solución:

La noche anterior al partido debería practicar visualizar cómo le gustaría jugar al día siguiente. Puede imaginar estrategias específicas que le gustaría utilizar como:

- Golpes de costado y atacar la red
- Hacer golpes altos con efecto hacia el revés o el lado más débil de su oponente.
- Tener largos intercambios cruzados.

Otras cosas que podría visualizar la noche anterior podrían ser:

- Verse a usted mismo persiguiendo tiros difíciles desde una esquina a otra.
- Verse parado con confianza para devolver un saque.
- Lanzando la pelota orgullosamente antes de su saque.
- Estar motivado y energético entre los puntos del partido.

Estrategia #29

Qué hacer cuando va un set abajo

Problema:

Cuando va un set abajo comienza a dudar de sí mismo y a sentir que no ganará el partido. Saber qué hacer para cambiar las cosas, es físico y mental.

Solución:

Cuando está perdiendo un set necesita entender que la clave es saber dónde está perdiendo y ganando sus puntos.

Si está errando muchos golpes altos y eso es lo que su oponente lo está forzando a hacer la mayoría del tiempo, entonces debería intentar atacar más la red y reducir la cantidad de tiros altos que devuelve desde la parte trasera de la cancha.

Si está perdiendo en los intercambios largos es porque su nivel de entrenamiento no es tan fuerte como el de su oponente, entonces debería resolverlo manteniendo los puntos cortos. Podría traer a su oponente a la red más seguido o intentar más golpes ganadores.

Si está ganando puntos cuando gira sobre su revés y golpea con su derecha, entonces debería hacerlo más seguido.

Si ganó todos sus puntos en su primer servicio, entonces debería enfocarse en conseguir más puntos con su primer saque.

Estrategia #30

Qué hacer cuando va un set arriba

Problema:

Si ganó el primer set, usted tiene una ventaja emocional y psicológica que pesa. Qué debería hacer en el segundo set para ganar el partido?

Solución:

Luego de ganar el primer set, usted sabe que su oponente hará un gran esfuerzo para superarlo en el resultado. También, sabrá que está cerca de la línea de llegada ya que habrá alcanzado la mitad de la carrera.

La clave para lograr esto es:

1.   Siga haciendo lo que está haciendo para ganar puntos. Cambiar la estrategia ganadora no es el plan correcto en este momento. No haga cambios tontos como ser menos agresivo o más agresivo.

2.   Haga un esfuerzo extra en los 3 primeros juegos del partido así puede comenzar liderando el juego. Esto

desmoralizará a su oponente y hará el resto del partido más fácil. 3-0 o 2-0 o 4-0 son todos excelentes comienzos para el segundo set.

3. Asegúrese de mantenerse en la cima de los resultados hasta que el partido termine para no permitirle a su oponente ni siquiera considerar que tiene una chance de ganar el partido porque si usted no hace esto, lo lamentará más tarde.

Estrategia #31

Qué hacer cuando tiene un punto de partido

Problema:

El punto de partido se puede ver de diversas maneras. Tener el correcto enfoque hace la gran diferencia. Ser presumido o dudar de sí mismo son ambas reacciones muy comunes pero negativas en un punto de partido. Qué debería hacer?

Solución:

El punto de partido es la oportunidad más grande de ganar el partido. Asegúrese de no pensar demasiado durante ese punto. Mantenga las cosas simples. Lo que sea que lo esté haciendo ganar deberá repetirlo durante el punto de partido sin duda, y hacerlo con precisión. Si se pone nervioso, simplemente respire y mueva sus pies para deshacerse de algunos de sus nervios. No mire alrededor ni se permita distraerse.

Recuerde: Manténgase en su plan original!!

Estrategia #32

Qué hacer luego de un saque de doble falta

Problema:

Las dobles faltas lo afectan emocional y psicológicamente. Son normales y pueden ocurrirle durante un partido siempre que no ocurran demasiado seguido. La diferencia está en qué hacer y qué pensar luego de la doble falta para corregir la situación.

Solución:

Concéntrese en lo que necesita para colocar un buen saque dentro de la cancha. Los segundos saques requieren de un mayor grado de control ya ye es su última chance de colocar su servicio dentro. No se agregue presión a sí mismo ni se permita ponerse nervioso. Asegúrese estos cinco pasos para evitar cometer dobles faltas:

1. Sea selectivo con sus lanzamientos de pelota al aire. No golpee cada lanzamiento al aire. Tómese su tiempo y

solamente haga el saque golpeando la pelota que siente que tendrá alta chance de estar bien ubicada.

2.   No apresure su movimiento de servicio.

3.   Rebote la pelota al menos 4 veces antes del servicio para calmarse.

4.   Complete el golpe con su movimiento.

5.   Mantenga su barbilla y cabeza en alto cuando impacta la pelota así podrá mantener sus ojos en la pelota por más tiempo.

CAPÍTULO 5: Tácticas mentales

Estrategia #33

"Conozca a su oponente"

Conocer contra quién estará jugando antes de que comience el partido es extremadamente importante. Probablemente, ellos ya hayan hecho su tarea y sepan acerca de usted más de lo que pueda imaginarse. De ser así, debería recorrer y preguntar acerca del jugador contra quien va a jugar. Puede preguntarles a sus amigos, a antiguos adversarios, a compañeros de equipo, a cualquiera que pueda brindarle información acerca de su oponente. Esta información sólo e será útil antes de que comience el partido, luego aprenderá lo restante en la cancha. Incluso si su oponente no lo ha estado investigando, haga su tarea con respecto a él o ella.

Existen dos razones principales por las cuales es beneficioso explorar a su oponente: La primera es porque podrá analizar sus fortalezas y sus debilidades. La segunda razón es porque le dará tiempo para ensayar el partido en su mente antes de siquiera pisar la cancha. Otra palabra utilizada para este tipo de práctica mental es "visualización". Puede practicar los golpes y estrategias que desea usar, en su mente sin cansarse físicamente.

El alto rendimiento en el tenis depende mayormente de esta práctica. Mucha gente sueña despierto con su partido y cómo harán para jugarlo sin darse cuenta que están visualizando su juego. La mayoría de nosotros lo hemos hecho alguna vez. Cuando sabe cómo juega su oponente, qué les gusta y qué no les gusta hacer, sus capacidades mentales y físicas, usted puede generar un plan de juego preciso. Las capacidades mentales muestran qué tan fuerte es el aspecto mental de su juego. Las capacidades físicas muestran qué tan bien preparados están para competir físicamente. Tal vez su oponente esté investigándolo y sepa cómo jugar contra usted. Él tiene el filo y usted no desea esto. Lo mejor que puede hacer antes del comienzo de un partido es estar preparado. Conozca a su oponente.

Estrategia #34

"El partido termina, cuando termina"

Los partidos a menudo se convierten en concursos donde ambos jugadores están esperando a ver quién se rinde primero. Afortunadamente para usted, un partido puede ser ganado aún si está a un punto de perder. Mucha gente ha ganado luego de haber estado 6-0, 6-0, 0-40 abajo. Esto es lo que hace al tenis tan competitivo. Usted debe estar concentrado hasta el final del partido.

La confianza juega un papel muy importante en la competencia, ya que un competidor débil mentalmente puede ir ganando un partido y luego perderlo. Otras veces, él o ella pueden estar perdiendo el partido y no esforzarse para recuperarse o al menos darle pelea. Muchos jugadores han aprendido a no permitir que las circunstancias pasadas afecten sus futuros partidos de manera negativa. Un buen competidor peleará hasta el mismo final porque él o ella pueden recuperarse y ganar un partido a pesar del resultado. Otros buenos competidores saben cómo no permitir que un oponente se recupere en un partido y finalmente acabarlos. Terminar un partido y recuperarse de un déficit es una de las cosas más difícil de lograr en cualquier nivel de juego. Asegúrese de recordarse a sí mismo que "el partido termina, cuando termina" así se convertirá en un competidor temido por los otros por su perseverancia.

Aplicación:

Practique jugar desde 5-0 o 4-0 en cada set y luego termine el partido. Tan pronto como termine su primer partido alterne con su compañero de práctica. Debería jugar muchos sets para acostumbrarse a esta mentalidad.

Estrategia #35

"Prepárese para el éxito"

El éxito les viene a aquellos que están preparados para él. Como en la vida, ésta debería ser su mentalidad en la cancha de tenis. Algunos jugadores se visten, se ponen bloqueador solar, toman unas pelotas y su raqueta y se dirigen a la cancha. Allí golpean un par de pelotas y dicen "servicio listo". Muchas personas sólo tienen algunos minutos para prepararse para su sesión de práctica o su partido y su comportamiento sería bastante razonable debido al corto tiempo que tienen disponible.

Ahora, tomemos otro enfoque a la preparación. Primero, haga una lista del equipamiento que necesita y revise lo que lleva a la cancha. Cuando ya tenga lo que necesita físicamente, prepárese mentalmente para la competencia. Finalmente, haga un buen pre-calentamiento. Este es tan sólo un lineamiento general de un plan básico de preparación. Ahora veamos uno en particular. Estas son todas las cosas básicas que necesitará antes de entrar a la cancha.

Estas son sólo algunas. Puede agregar más si lo desea. Algunas de ellas pueden parecer tontas pero uno nunca sabe qué tan tonto y desesperado se puede sentir si no las tiene y las necesita. Evite pasar malos momentos teniendo las herramientas necesarias para el trabajo. No se sienta demasiado orgulloso por pedir ayuda, incluso a su oponente. Todos hemos estado en esas penosas situaciones y sabemos cómo se siente. Muchos de nosotros nos ayudaríamos felizmente unos a otros.

Ahora que ya tiene su equipo listo, ponga su mente en las tareas que están a mano. Algunos prefieren visualizar, otros prefieren energizarse o estimularse hablándose a sí mismos, y muchos escuchan música para relajarse. Algunos prefieren ver partidos de tenis en la TV o en la cancha. Todos tienen un enfoque distinto para conseguir lo que les hace mejor, prepararse mentalmente. Esta parte es muy importante en la preparación para un partido. No lo tome a la ligera.

Si quiere jugar al tenis por muchos años, realice un buen pre-calentamiento antes de cada práctica y de cada partido. Usted no se imagina los beneficios de pre-calentar correctamente.

Comience con un suave estiramiento, esto logrará que sus músculos sean más elásticos. Luego trote por unos minutos. Puede trotar en el lugar o alrededor de una cierta área, mientras que logre calentar su cuerpo. Luego de esto, haga un poco de mini-tenis y gradualmente tome distancia de la red hasta llegar al fondo de la cancha donde pueda lentamente incrementar la velocidad de la pelota.

Estrategia #36

"Mantenga su cara de póker"

La mayoría de la gente estaría de acuerdo que algunos de los mejores jugadores de póker del mundo son aquellos que pueden mantener la misma cara sin mostrar que tienen buenas o malas cartas. Esto puede parecer extraño de creer para algunos pero es especialmente verdadero en el tenis. Ha notado cómo los jugadores más difíciles de vencer mantienen una cara lisa y casi no muestran sus emociones ni cambios en sus gestos? Esto puede ser frustrante para quienes quieren ver a sus oponentes quejarse y revolear sus raquetas cuando hicieron una mala jugada o cuando pierden un punto crucial. Los jugadores con cara de póker son competidores duros porque no transmiten sus verdaderos sentimientos mientras están en la cancha. Aún cuando estén desesperados por ganar, prefieren mostrar esa necesidad a través de la calma y la concentración. No crea que no tienen emociones. Están ocultas por el momento. Intente este enfoque para ser un mejor competidor. Tal vez se desempeñe mejor cuando deja ver sus emociones y eso está muy bien, pero para quien quiera intentar algo nuevo, este es un buen comienzo. Puede cambiar la forma en que veía al tenis, y puede comenzar a ver cosas que antes no veía y estaban presentes. Grandes cosas pueden ocurrir cuando se concentra y se enfoca en la tarea que esta a mano. Cuando está calmo y sin emociones, uno mejora su concentración. Mantenga una cara de póker cuando juega para ver quién está alardeando y quién tiene realmente lo que se necesita para ganar.

Estrategia #37

"Oculte sus debilidades, explote las de ellos"

Alguna vez ha notado cómo algunos jugadores parecen ser perfectos en la cancha? Por qué nadie ha podido romper su juego? Tal vez sean muy buenos escondiendo cosas. Cosas que no desean que usted sepa, como una debilidad? Si usted no conoce sus debilidades, dónde los va a atacar? En un partido, un jugador está en desventaja cuando no conoce las debilidades de su oponente.

Antes de que comience el partido, encuentre cuál es la debilidad de su oponente y descubra como puede explotarla. Pregunte a otros jugadores y a sus amigos si ellos conocen a esta persona. Incluso puede buscar su nombre en la Internet y ver qué información útil hay allí para usted. Si nadie conoce a esta persona, averigüe usted mismo durante el pre-calentamiento. Golpee unas pelotas a su derecha y luego a su revés. Luego de eso, intercale la altura y efecto de la pelota. Eventualmente encontrará algo que hacen peor en el resto de su juego.

Por ejemplo, cuando usted tiene un revés débil, aprenda a girar para golpear la pelota de derecha. Otro ejemplo podría ser si su debilidad es su falta de entrenamiento físico, no querrá largos intercambios desde la línea de fondo. En este caso es mejor atacar la red o mantener los puntos cortos. De esta forma estará ocultando sus debilidades y explotando las de ellos.

Aplicación:

Haga que su compañero de práctica le ataque en sus debilidades con su mejor golpe, al principio se sentirá incómodo, pero esto le ayudará a sobreponerse a estas situaciones en un partido. Luego, haga que su compañero golpee con su lado débil y usted responda con su mejor golpe (estarían haciendo lo opuesto). Esto le dará una mejor comprensión de qué tan habilidoso es con su mejor golpe y cuánto necesita mejorarlo. Estará aprendiendo a jugar defensiva y ofensivamente.

Estrategia #38

"Aquel que logra meter la pelota adentro, gana"

Existen diversas filosofías acerca de cómo se debería jugar al tenis. Posiblemente, la más simple sea "quien logra meter la pelota adentro de la cancha, gana". Cuando la pelota va a la red o sale por las líneas laterales, usted pierde el punto. Y cuando mantiene la pelota dentro de la cancha, usted gana. Esto puede parecer muy elemental, pero algunas de las cosas más difíciles de lograr son a veces las más simples.

Aplicación:

Para concretar esta ley, practique la consistencia. Logre embocar 10 pelotas sobre la red y dentro de la cancha en forma consistente. Cuando haya conseguido 10, trate de lograr 20. Decida cuál es su objetivo y luche para conseguirlo. Por ejemplo, mi objetivo este mes es conseguir 100 peloteos con mi compañero. Cuando haya logrado esto, puede comenzar a ser más específico con respecto al área, altura y efecto con el que desea golpear la pelota. Esto será explicado con más detalle en la ley#24.

Estrategia #39

"Sea fiel a sí mismo"

En partidos cerrados, todos sentimos la necesidad de gritar que una pelota ha salido fuera cuando está cerca de la línea. Ha oído alguna vez la frase "Si estás en la duda, diga que salió fuera"? Esto, por supuesto, no es ético ni correcto. No permita que la presión del momento lo convierta en un jugador injusto. Si es una pelota dudosa y no está seguro, repita el punto. Eso es lo correcto. Se ahorrará mucho tiempo y algunas discusiones calientes. Sea fiel a sí mismo. Llame la pelota fuera si realmente lo ha visto. Se sentirá mucho mejor y será respetado por los demás.

Aplicación:

Mire partidos en vivo e intente decir si la pelota va dentro o fuera en su cabeza, no en voz alta. De esta forma practicará ver disparos cerca de la línea más frecuentemente incluso cuando no esté jugando. Luego de un tiempo, logrará saber instintivamente cuando una pelota fue buena o mala.

Estrategia #40

"Aquel que golpea primero, golpea dos veces"

Cada vez que ataque en un punto estará a cargo y tendrá más opciones de terminar el punto. En otras palabras, cuando comienza atacando, será capaz de continuar siendo ofensivo (la mayor parte del tiempo). No espere a que ocurran las cosas. Salga allí y haga lo mejor para ser quien esté a cargo del punto. Aprenda a ser proactivo y no reactivo. Una persona proactiva actúa por adelantado para manejar una dificultad inesperada. Una persona reactiva responde a un estímulo. En el tenis reaccionar ante cosas que ocurren en la cancha es normal. Cuando aprenda a ser proactivo, sus chances de ganar incrementarán. Tome control del punto. Golpee primero así golpea dos veces.

Estrategia #41

"Sea falso para ganar"

Mucha gente siente que no tiene la suficiente confianza o coraje para ganar un partido in situaciones bajo presión. Por qué no ser un actor en la cancha y jugar el rol del tenista corajudo y con confianza? Sea falso y ganará más de lo que piensa. Elija la forma en que quiere ser visto dentro y fuera de la cancha. Se sentirá un tanto incómodo al principio, pero se acostumbrará a ello con algo de práctica. Algunas personas no comprenden la importancia que tiene la imagen que usted ejerce sobre la cancha.

Un ejemplo de esto, podría ser si usted ha jugado un primer set muy largo y se siente muy cansado. Su oponente también se siente cansado, pero usted decide continuar de manera enérgica y positiva. Haga que piensen que usted puede hacer esto por otros dos sets. Esto puede ser muy desmoralizador para cualquiera. Lo mirarán una vez y notarán que no tienen ni siquiera una chance (aunque ambos se sientan igual de cansados). Su oponente decide que no puede afrontar un segundo set contra alguien que pareciera no cansarse entonces elige dejar pasar la situación. Qué tal eso! Esto no siempre ocurre. Ser falso seguramente mejore sus posibilidades de ganar. Todos los actores trabajan duro para mejorar su imagen. Saben que su éxito depende de esto. Tal vez no gane un "Oscar" por su actuación, pero sí ganará más partidos.

Estrategia #42

"Derrumbe las paredes"

Cada tenista tiene su propio castillo que proteger. Sus paredes previenen a los enemigos de irrumpir. Pero si esas paredes fueran demolidas, ese castillo tiene muy pocas chances. Las paredes de algunos tenistas son sus saques de derecha o sus reveses. Otros tienen velocidad o paciencia como paredes. Cuando usted rompe la pared de un jugador, abre una puerta para atacar su lado más débil. Aprenda a "derrumbar las paredes" y así ganará más batallas.

Aplicación:

Haga que su compañero de práctica sea el jugador agresivo y usted juegue defensivamente. En otras palabras, su compañero de práctica lo atacará e intentará terminar el punto mientras que usted intenta mantener la pelota en juego esperando que él falle. Una vez que logran alcanzar el ritmo, intercambien lugares. Ahora será usted el jugador agresivo y su compañero será el jugador defensivo. De esta forma aprenderá a derrumbar esas paredes y avanzará al territorio más débil. Recuerde que está trabajando para desarmar a su contrincante de alguna u otra forma.

Estrategia #43

"Aprenda de cada partido"

Los errores están justificados cuando usted aprende de ellos y los corrige. No se acostumbre a cometer errores naturales sin aprender de ellos. Esto lo lastimará en situaciones competitivas en un partido. La mejor forma de ver los errores naturales es como un proceso de aprendizaje que llevará tiempo y dedicación. Continúe reparando y corrigiéndolos mediante sus prácticas y partidos y vea su nivel de tenis elevarse hasta el cielo. Cada partido nos dice algo. Es un despertar. Debemos abrir nuestros ojos y ver lo que debemos ver. Tanta sabiduría puede ser acumulada a través de la experiencia. Escriba un diario con todas sus experiencias así puede crecer mediante su sabiduría. Intente usar este ejemplo de "diario posterior a los partidos":

Diario posterior al partido

Fecha:

Oponente:

Torneo:

Califíquese del 1 al 10:

(10 siendo su mejor actuación)

Lo que he hecho bien en el partido:

Lo que he hecho mal en el partido:

Lo que he aprendido:

Lo que haré para aplicar lo que he aprendido:

Muchas veces no aprendemos de nuestros errores porque nadie nos los recuerda. Recuérdese a sí mismo todas las pequeñas cosas que necesita hacer para continuar mejorando y consiguiendo sus objetivos. Lea su "diario posterior al partido" por lo menos una vez a la semana.

Estrategia #44

"Adquiera sabiduría"

Pelota de tenis + Raqueta + Sabiduría = Éxito

No sea tan orgulloso y pida ayuda. Muchos instructores de tenis querrán ayudarle con gusto si usted se los pide. Tenga en cuenta que algunos están más especializados en ciertas áreas que otras. Debe saber qué es lo que quiere mejorar o aprender y luego pida que lo ayuden. Ahorrará mucho tiempo aprendiendo de sus errores, que cometiendo sus propios errores y teniendo que aprender de ellos. Información acerca de todo tipo de temas relacionados con el tenis puede ser encontrada en libros, revistas, videos y en Internet.

Cuanto más sabe, más creativo puede ser con su juego de tenis. Será mejor tomando decisiones cuando tiene más información para decidir.

Estrategia #45

"Sepa sus reglas"

Es muy útil saber cuáles son las reglas del tenis. Algunas personas no se dan cuenta de cuántas ventajas pueden obtener teniendo conocimiento acerca de:

Dimensiones de la cancha

Reglas de singles

Reglas de dobles

Reglas de dobles mixtos

Raquetas

Pelotas

La red

La orden de servicio

Entrenamiento

Reglas de tenis sobre silla de ruedas

Sabía usted?

Sabía usted que la red es más baja en el centro de la cancha? Y sabía que cuando juega cruzado, en realidad está haciendo un golpe de alto porcentaje (un tiro que tendrá mayor porcentaje de entrar que si usted va hasta la línea) ya que la distancia del juego cruzado es mayor que la distancia hasta la línea? Como puede ver, las reglas del tenis pueden ser muy útiles cuando quiere jugar más sabiamente y más eficientemente.

Aplicación:

Obtenga una copia del reglamento de su asociación de tenis y reléalo para ver cuántas cosas nuevas ha aprendido de él. Mire la sección donde está el tiempo que hay entre los puntos, los juegos, los sets y los partidos. Luego tome ventaja de esta sabiduría. Practique tomarse el tiempo entre los puntos y los cambios de lado así se acostumbrará a os períodos cortos de tiempo que usted tiene en la competencia. Practique también jugar puntos dándose no más de 30 segundos de descanso. Trabaje en su acondicionamiento físico. Esto le ayudará a mantenerse con el ritmo que desea para mantenerse todo el partido.

Estrategia #46

"Arme su tablero de ajedrez"

El tenis es como un tablero de ajedrez; debe colocar las piezas en los lugares correctos. Cuando usted se posiciona en el lugar correcto en el momento preciso, usted se encuentra golpeando un tiro ideal. Las cosas no ocurren solas, usted debe hacer que ocurran. Esté listo para improvisar.

Aplicación:

Primero, trabaje en saber realizar todos los golpes básicos. Cuando haya logrado esto, intercale diferentes golpes en diferentes situaciones. Esto le ayudará a crear un plan de juego para cada partido.

Práctica #1

Alterne golpear un tiro con efecto alto y un tiro con golpe de costado con su derecha. Intente no repetir el mismo efecto dos veces. Sólo su compañero de práctica puede seguir un patrón y golpear repitiendo efectos. Cuando logre hacer esto con su lado derecho, haga lo mismo con su revés. Usted alterne efectos y su compañero deberá golpear con el mismo efecto. Luego, intercambie con su compañero.

Práctica#2

Un jugador lanza un tiro cruzado mientras que el otro lanza un tiro directo a la línea. Este patrón dibujado por los golpes tiene la figura de un ocho (8). Cuando haya terminado de practicar, cambie el patrón entre usted y su compañero.

Estrategia #47

"Encuentre su patrón de juego"

Muchos jugadores aprenden a jugar al tenis de una forma que puede ser, a veces, predecible. Aprenden a golpear la pelota hacia un cierto lugar una y otra vez. También aprenden a hacer ciertas cosas en situaciones específicas como en un punto de set o en el punto de partido. Si uno aprende su patrón de juego, se puede predecir que es lo que harán. Cuando usted aprenda a descifrar el patrón de juego de su oponente, él ya no podrá sorprenderlo. Su juego será vulnerable una vez que usted sepa dónde irá la pelota y lo que hará para tomar ventaja de esa situación.

No necesita ser un matemático para a prender a descubrir los patrones de juego. Observe algunos partidos de tenis en su barrio o en la TV. Intente encontrar distintos patrones de juego en cada punto, en cada juego, en cada set, o incluso en el partido entero.

Estrategia #48

"El peón le hace jaque mate al rey"

En el ajedrez, en algunas oportunidades se encontrará en situaciones donde deberá usar sus piezas más débiles para ganar. En el tenis, esto ocurre muy seguido. Es muy difícil levantarse cada día y jugar como el mejor. Cada tanto, jugará un partido y su juego de tenis no estará en su punto máximo y entonces es allí donde deberá sacar al campeón que hay en usted. Ganar cuando uno está en un nivel más bajo del que está acostumbrado puede ser un gran desafío, pero es aquí donde usted se separa del resto. Sea victorioso en sus mejores y peores momentos.

Aplicación:

Juegue un partido donde su compañero de práctica ataque sus puntos débiles con su mejor golpe. Haga esto por no más de cuarenta y cinco minutos y luego intercambien posiciones. Cuando ambos hayan terminado por lo menos dos sets, juegue algunos puntos de práctica en los que pueda golpear hacia donde quiera y ver qué tan cómodo se siente cuando debe enfrentar buenos tiros en su lado débil.

Juegue un partido competitivo con alguien más, que no sea su compañero de práctica. Compare su rendimiento con sus partidos anteriores dónde su debilidad era la causa de su pérdida. Notará que ha logrado una mayor confianza en su lado débil. Esto le ayudará a ganar partidos más duros aún cuando no esté jugando su mejor partido. Existen otras técnicas que pueden ser utilizadas en distintas circunstancias, pero este es un buen comienzo.

Estrategia #49

"Arme una base"

En la vida, usualmente tenemos distintos planes para los mismos objetivos. Tenemos un plan A y si el plan A no nos sirve, entonces recurrimos al plan B. Cuando el plan B no nos funciona, utilizamos el plan C. Esto se denomina crear una base estratégica. En tenis, tal vez deba cambiar sus planes de juego varias veces durante un partido. Es sabio tener una estrategia base o al menos una estrategia que creamos la mejor, diseñada especialmente para nuestro oponente. Cree una base y cuando haya hecho esto, piense algunas alternativas para utilizar en caso de que algo salga mal.

Obviamente, usted tendrá el plan A que es su mejor estrategia o el juego con el cual usted se siente más cómodo. Ahora necesita decidir cuál será su plan B. Si su plan A está basado en demoler puntos ganadores desde la línea de fondo, su plan B debería ser atacar la red. De esa forma usted acelerará el ritmo de juego. Finalmente, el plan C podría ser tan sólo mantener la pelota en juego y esperar a que su oponente cometa los errores. Esto frenará su ritmo de juego.

Si algo no sale bien para usted, intente ir del plan A al plan B. Si el plan B no es la solución, intente el plan C. Siempre debe tener al menos tres estrategias en las cuales apoyarse, pero primero diseñe una base. Su base deberá ser el plan con el cual comience cada partido. Usualmente es aquel que le ha brindado los mejores resultados en el pasado y con el cual usted se siente más cómodo.

Estrategia #50

"No deje que se seque su aljibe"

La forma más lógica de ganar es mediante sus armas. Pero cuando usted utiliza demasiado un arma, su oponente se acostumbra a ella. Esto es peligroso para usted. Es bueno mantener a los oponentes expectantes. Use su arma lo más posible pero intercale con otros golpes para que pierdan el equilibrio. No permita que se acostumbren a ver el mismo patrón o el mismo golpe demasiado seguido. No deje que se seque su aljibe. Sea impredecible.

Aplicación: Una buena forma de aprender o mejorar la manera en que intercala sus golpes es siendo específico en su práctica. Juegue algunos puntos con su compañero de práctica donde ninguno de los dos pueda golpear dos veces el mismo tiro. Al principio, haga esto sin hacer saques. Tan sólo comience el punto con un lanzamiento bajo. Un ejemplo de este ejercicio podría ser:

Lance un golpe de derecha

Con efecto alto

Con un golpe de costado

Plano

Profundo en la cancha con efecto alto

Corto en la cancha con efecto alto

Profundo en la cancha con golpe lateral

Corto en la cacha con golpe lateral

Golpee un revés:

Con efecto alto

Con golpe lateral

Plano

Profundo en la cancha con efecto alto

Corto en la cancha con efecto alto

Profundo en la cancha con golpe lateral

Corto en la cancha con golpe lateral

Nota: Los golpes pueden ser repetidos mientras que sean alternados con otros golpes. Puede hacerlo tan simple como lo desee. Cuando logre hacerlo hábilmente, podrá añadirle cuantos golpes diferentes desee. Lo mejor es comenzar intercalando dos o tres tiros distintos y gradualmente ir agregando más con el tiempo.

Estrategia #51

"La mente por sobre el problema"

El tenis comienza como un juego físico pero luego trasciende a un juego más mental. Las cosas que nuestro cuerpo físico no puede hacer, nuestra mente puede hacerlas muchas veces. El poder de la mente es inimaginable. Las emociones y los pensamientos son extremadamente importantes cuando uno se pone nervioso o se siente incómodo en una competencia. Nuestro cuerpo hará cosas que nos maravillarán. "Por qué no levanté mi brazo un poco más alto para conseguir que la pelota pase sobre la red?" Lo que debemos recordar es que nuestra mente controla nuestro cuerpo y tan sólo está haciendo lo que nuestra mente le ha dicho que haga. Trabaje para controlar sus emociones. Ellas pueden ser grandes aliadas en los momentos necesarios. La concentración es básica en la competencia. Es una de las cosas más difíciles de dominar, pero en sí muy valiosa.

Estrategia #52

"Dé regalos solamente para los cumpleaños"

La mayoría de nosotros sabemos qué tan importante es no regalar puntos en un partido y especialmente cuando se trata de uno ajustado. Muchas veces damos regalos que a la larga nos lastiman. Minimice esos regalos o errores involuntarios cuando compite. Solamente de regalos para los cumpleaños.

Aplicación:

Una forma excelente de minimizar los regalos es mejorando su consistencia. La próxima vez que salga a la cancha de tenis luego de haber pre-calentado, tome sólo una pelota y mantenga esa pelota en juego con su compañero de práctica tanto tiempo como sea posible. Debe acostumbrarse a mantener la pelota en juego desde el primer punto. Cuando practique esto, cuente cuántas veces lograr meter la pelota dentro de la cancha sin fallar. Cuando haya perdido esa primera pelota luego de haberla mantenido en juego por un tiempo, elija un lado específico, un golpe y un efecto con el que quiera golpear la pelota y realice el mismo ejercicio de consistencia. Por ejemplo: Lance golpes de derecha cruzados con efecto alto. Intente mantener la pelota en juego la mayor cantidad de tiempo posible sin fallar y luego escriba la cantidad de veces que la pelota entró en la cancha. Haga esto por cada lado que practique (de derecha y de revés) y compárelo con sus siguientes días de práctica. Debería realizar esto con los siguientes ejercicios: golpes de derecha cruzados, golpes de revés cruzados, golpe de derecha y revés hasta la línea y golpes de revés y derecha hasta la línea.

Estrategia #53

"Debe tener un corazón de león"

Los partidos y torneos de tenis se ganan de diversas maneras. Algunos se ganan teniendo una habilidad extraordinaria. Otros se ganan por estar en mejores condiciones físicas que el resto. La forma especificada en esta ley es probablemente la más importante y la menos tenida en cuenta: el CORAZÓN. Tiene el poder de llevar nuestro nivel de juego a un diez perfecto. Puede convertirlo en alguien temido por sus competidores. Más importante aún, lo hará victorioso.

Estrategia #54

"Elija su arma"

Cuando comience a mejorar su nivel de tenis, se sentirá más en control. Este control es el comienzo de su especialización. Todos tienen algo que hacen mejor que el resto. Esto es lo que le permite control el punto mediante uno o todos estos: energía, ubicación, efecto, y consistencia. Esto se denomina su "arma". Cuánto más mejore su arma, más peligroso será. Algunos jugadores tienen saques impredecibles. Otros tienen poderosos golpes de derecha o de revés. Muchos ganan con su velocidad y atletismo. Encuentre su arma, y cuando lo haga, mejore su potencial creando una nueva arma. De esa forma tendrá dos armas y será una amenaza doble para los demás.

Estrategia #55

"Perfección por imitación"

Algunos de los más grandes artistas comenzaron imitando a sus pintores favoritos y luego lograron crear su propio estilo y forma de arte. Crear su propio estilo de juego también es algo maravilloso, pero esto puede llevarle un tiempo. El tenis también puede ser imitado y luego perfeccionado. Observe a un tenista profesional específico que tenga el estilo de juego que usted desea. Lea acerca de él o ella. Observe sus partidos por televisión. Intente imitar cada detalle, hasta que domine su estilo de juego. Cuando lo haya logrado, hágalo propio y vaya ajustándolo hasta que se sienta cómodo. Recuerde, no se convierta en la copia de otro tenista, sólo tome lo que hacen mejor y usted hágalo mejor aún.

Estrategia #56

"El trébol de cuatro hojas"

Los tréboles de cuatro hojas, una pata de conejo, una herradura son todos tipos de amuletos de la buena suerte. Es la suerte importante en el tenis? Si. Por qué? Bueno, porque existen algunas cosas que no podemos controlar sin importar lo que hagamos. Podemos dejar que la suerte sea un factor decisivo en el resultado de nuestro partido? No. Debemos mejorar nuestras chances al hacer cosas como: prepararse correctamente para un partido, analizar los oponentes, usar estrategias adecuadas, ser positivo y mantenerse concentrado. Estas son sólo algunas, pero es el comienzo. La suerte les llega a quienes la buscan. No espere el momento oportuno o el partido correcto para juagar a su máximo potencial. Hágalo ahora mismo. Comience desde el primer punto y continúe hasta el final del partido. Usted sabrá cuáles puntos y cuáles partidos fueron el resultado de la buena suerte. Esos puntos no vinieron sin un poco de trabajo duro.

Aplicación:

Haga su propia suerte y vea los resultados. La mejor forma de generar su buena suerte es poniéndose un objetivo. Elija objetivos que puedan ser medidos. De esa manera verá su progreso y podrá decidir si debe realizarle algunos cambios a sus objetivos. Una vez que conozca cuáles son esos objetivos, decida cómo hará para alcanzarlos y escríbalo. Luego, piense objetivos diarios que le ayudarán a lograr sus principales objetivos.

Escriba sus objetivos diarios en una ficha y llévelo donde quiera que vaya. Cada vez que esté a punto de hacer algo, pregúntese: Esto me acerca a mi objetivo? Si no es así, entonces deje de hacerlo. Si es así, entonces usted se encuentra camino al éxito.

<u>Este es un ejemplo simple:</u>

Su objetivo puede ser: "mejorar el porcentaje de mi primer saque en un 20%"

Ahora debe decidir qué necesita hacer para hacerlo realidad:

Conseguir un experto que observe mi saque.

Practicar mis saques una "X" cantidad de veces por semana.

Darle más efecto a la pelota.

Mejorar mi aceleración.

Incrementar mi fuerza de piernas.

Utilizar obstáculos en mis prácticas (conos, pelotas, etc)

Ahora convierta esas ideas en objetivos diarios y escríbalos en una ficha para poder revisarlos varias veces al día.

Estrategia #57

"Humor para los valientes"

Cuando está en partidos ajustados y las cosas no salen de la forma que usted desearía, uno tiende a ponerse de mal humor, negativo y descuidado. Cómo utilizan algunos tenistas estos momentos para fortalecerse? La mayoría de los errores por descuido que usted hace en puntos importantes ocurren por la presión que usted siente en ese momento. Una gran forma de deshacerse de esa presión es mediante el humor. Cada vez que cometa un error tonto, ríase de él. Usted no se imagina cuán relajado se sentirá y cómo esto afectará su juego positivamente. Cuando está de buen humor, la mayoría de las cosas tienden a salir como usted quiere. Sí, aún quiere ganar y todavía siente la presión, pero sonreír y reírse de los errores lo mantendrá competitivo. Cuando usted es competitivo luchará hasta el final y todos podrán sentirlo. No tome la salida fácil y salga de la cancha gritando y revoleando su raqueta. Disfrutará más del tenis si se ríe en los malos momentos y también en los buenos.

Estrategia #58

"Vaya donde está la fiesta"

Cuando sienta que practicar con su compañero de práctica o en un determinado centro deportivo ya no le es suficiente, encuentre una alternativa. Si no está mejorando su nivel de juego de la forma que querría o simplemente desea comenzar a competir regularmente, vaya donde está la fiesta. En otras palabras, vaya donde pueda entrenar de la forma que quiera o donde pueda competir con quien desee. Si desea continuar haciendo las mismas cosas seguirá obteniendo los mismos resultados. Depende de usted. Qué quiere hacer con su juego de tenis? Vaya hacia donde necesite ir.

Estrategia #59

"Pasos de bebé para los gigantes"

Los verdaderos campeones saben lo que se necesita para convertirse en mejores. Todo comienza con algunos primeros pasos y continúa con más pequeños pasos, no saltos. Todo lo que haga parecerá sin sentido mientras se toma su tiempo para hacerlo. Primero, usted a prender a conducir a 10 millas por hora. Luego aprende a manejar un poco más rápido, digamos a 25 millas por hora. Luego, a 50. Finalmente, luego de sucesivos pasos pequeños, logra alcanzar las 100 millas por hora. No se frustre si sus logros son pequeños, mientras que sean graduales. Estos pequeños mejoramientos son la semilla para un futuro crecimiento. Quiere convertirse en un gigante del tenis? Entonces comience por dar pasos de bebé hacia el éxito.

Estrategia #60

"Su segundo servicio: que le sirva bien"

El segundo servicio puede ayudarlo o perjudicarlo en el tenis. Un buen segundo saque logrará que consiga algunos puntos fáciles o al menos lo pondrá en una buena posición para comenzar el punto. Si se segundo servicio es malo hará que cometa dobles faltas repetidamente y le permitirá a su oponente controlar el punto desde el comienzo. Practique estos útiles ejercicios para aumentar el porcentaje de sus segundos servicios.

CAPÍTULO 6: Ejercicios con máquina lanza-pelotas de tenis

1. Golpeando sobre la soga de derecha cruzado

En este ejercicio deberá golpear tiros de derecha cruzados sobre la soga con efecto alto o pelotas planas que son lanzadas a usted por alguien más del otro lado de la red. Asegúrese trabajar en la profundidad y el control.

2. Golpeando sobre la soga de revés cruzado

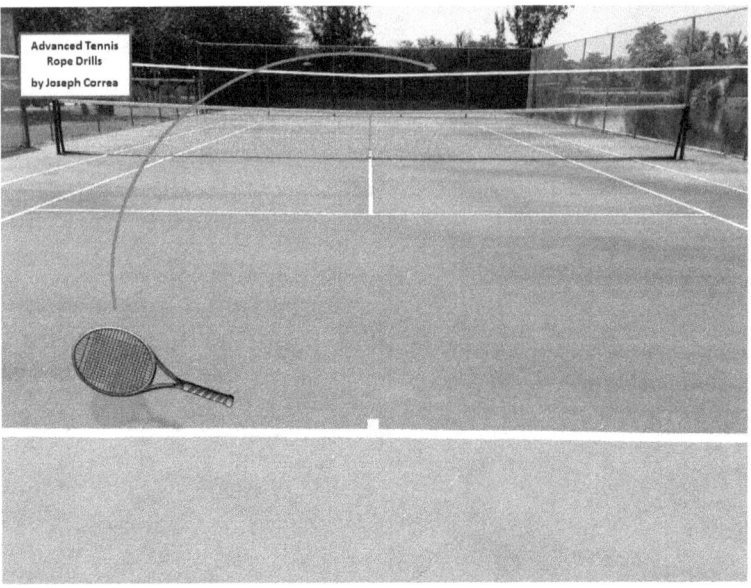

En este ejercicio deberá lanzar reveses cruzados con efecto alto o pelotas bajas sobre la soga que le son lanzadas por alguien más del otro lado de la red. Asegúrese trabajar la profundidad y el control.

3. Golpeando sobre la soga hasta la línea de derecha

Para este ejercicio debería lanzar sobre la soga golpes altos con efecto de derecha hasta la línea y lograr que la pelota aterrice lo más lejos posible dentro de la cancha. Asegúrese de concentrarse en terminar su golpe y usar sus piernas para generar efecto. Este puede ser un gran golpe ofensivo si su oponente tiene un revés débil o tiene problemas con las pelotas de media altura o con las pelotas altas. Los tiros planos están permitidos pero este ejercicio es más efectivo si es realizado con golpes altos con efecto.

4. Golpeando sobre la soga hasta la línea de revés

Para este ejercicio debería lanzar sobre la red un tiro alto con efecto de revés hasta la línea y hacer aterrizar la pelota lo más lejos posible dentro de la cancha. Asegúrese de concentrarse en completar su tiro y usar sus piernas para generar el efecto. Este puede ser un gran tiro ofensivo si su oponente está atacando a su revés y usted necesita hacer que corran con un tiro seguro. Los tiros planos están permitidos pero este ejercicio es más efectivo si se realiza con tiros altos con efecto.

5. Golpeando sobre la soga alternando derecha y revés cruzados

Para este ejercicio usted debería golpear sobre la red con un tiro alto con efecto de derecha cruzado y luego el siguiente tiro con un revés cruzado. Continúe haciendo esto hasta finalizar el ejercicio. Trabaje en mantener la pelota en la parte lejana de la cancha. Asegúrese de completar su tiro y de usar sus piernas para generar el efecto. Este puede ser un gran tiro ofensivo si su oponente no se mueve bien. Los tiros planos son permitidos pero este ejercicio es más efectivo si se realiza con tiros altos con efecto.

6. Golpeando sobre la soga alternando derecha y revés hasta la línea

Para este ejercicio debería lanzar sobre la red un tiro con efecto alto de derecha hasta la línea y el siguiente tiro con su revés hasta la línea. Continúe así hasta finalizar el ejercicio. Trabaje en mantener la pelota en la parte más lejana de la cancha. Asegúrese de completar su tiro y de usar sus piernas para generar el efecto. Este puede ser un gran tiro ofensivo si su oponente no se mueve bien. Los tiros planos están permitidos pero este ejercicio es más efectivo si se realiza con tiros altos con efecto.

7. Golpeando por debajo de la soga de derecha

Para este ejercicio debería lanzar por debajo de la soga con un tiro de derecha cruzado alto con efecto o plano y hacer que la pelota aterrice en la parte más lejana de la cancha. Asegúrese de concentrarse en completar su tiro y usar sus piernas para generar el efecto. Este puede ser un gran tiro ofensivo si su oponente tiene un tiro de derecha más débil que el suyo. Los tiros planos están permitidos pero este ejercicio es más efectivo si es realizado con golpes altos con efecto.

8. Golpeando por debajo de la soga de revés

Para este ejercicio debería golpear por debajo de la soga un tiro de revés cruzado con efecto alto o plano y hacer que la pelota aterrice en la parte más lejana de la cancha. Asegúrese de completar su tiro y usar sus piernas para generar el efecto. Este puede ser un gran tiro ofensivo si su oponente tiene un revés más débil que el suyo. Los tiros planos son aceptados pero este ejercicio es más efectivo si es realizado con tiros altos con efecto.

9. Golpeando por debajo de la soga hasta la línea de derecha

Para este ejercicio usted debería golpear por debajo de la soga de derecha con efecto alto o plano y hacer que la pelota aterrice en la parte más lejana de la cancha. Asegúrese de completar su tiro y usar sus piernas para generar el efecto. Este puede ser un gran tiro ofensivo si su oponente tiene un revés débil. Los tiros planos son aceptados pero este ejercicio es más efectivo si es realizado con tiros altos con efecto.

10. Golpeando por debajo de la soga hasta la línea de revés

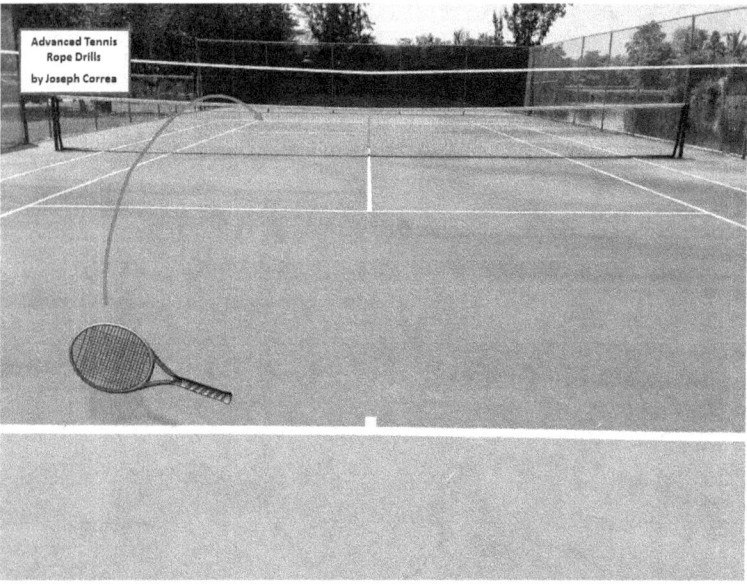

Para este ejercicio debería golpear por debajo de la soga un tiro de revés con efecto alto o plano hasta la línea y hacer que la pelota aterrice en la parte más lejana de la cancha. Asegúrese de completar su tiro y usar sus piernas para generar el efecto. Este puede ser un gran tiro ofensivo si su oponente tiene un revés débil en carrera. Los tiros planos son aceptados pero este ejercicio es más efectivo si es realizado con tiros altos con efecto

11. Golpeando por debajo de la soga alternando golpes de derecha y de izquierda cruzados

Para este ejercicio debería golpear por debajo de la soga un tiro de derecha cruzado con efecto alto y el siguiente tiro de revés cruzado. Continúe de la misma forma hasta completar el ejercicio. Asegúrese de completar su tiro y usar sus piernas para generar el efecto. Este puede ser un gran tiro ofensivo si su oponente no se mueve bien. Los tiros planos son aceptados pero este ejercicio es más efectivo si es realizado con tiros altos con efecto

12. Golpeando por debajo de la soga alternando golpes de derecha y de revés hasta la línea.

Para este ejercicio debería golpear por debajo de la soga un tiro de derecha con efecto alto hasta la línea y luego el siguiente tiro de revés hasta la línea. Continúe haciendo esto hasta completar el ejercicio. Asegúrese de completar su tiro y usar sus piernas para generar el efecto. Este puede ser un gran tiro ofensivo si su oponente no se mueve bien. Los tiros planos son aceptados pero este ejercicio es más efectivo si es realizado con tiros altos con efecto.

CAPÍTULO 7: Ejercicios con pelota viva

SOBRE LA SOGA

13. Sobre la soga 20 pelotas con efecto alto de derecha a carrera con golpe de derecha cruzado (consistencia)

Para este ejercicio debería lanzar sobre la soga un tiro de derecha cruzado con efecto alto o plano y hacer que la pelota aterrice en la parte más lejana de la cancha. Su compañero o entrenador deberán devolverle tiros de derecha cruzados. Su objetivo será alcanzar intercambio mínimo de 20 pelotas sin fallar. Si falla, deberá comenzar desde cero. Continúe hasta pasar las 20 pelotas siguiendo este patrón de juego. Los tiros planos son aceptados pero este ejercicio es más efectivo si es realizado con tiros altos con efecto.

14. Sobre la soga 20 pelotas con efecto alto de derecha a carrera con golpe de revés hasta la línea (consistencia)

Para este ejercicio debería lanzar sobre la soga un tiro de revés cruzado con efecto alto o plano y hacer que la pelota aterrice en la parte más lejana de la cancha. Su compañero o entrenador deberán devolverle tiros de revés cruzados. Su objetivo será alcanzar un intercambio mínimo de 20 pelotas sin fallar. Si falla, deberá comenzar desde cero. Continúe hasta pasar las 20 pelotas siguiendo este patrón de juego. Los tiros planos son aceptados pero este ejercicio es más efectivo si es realizado con tiros altos con efecto.

15. Sobre la soga 20 pelotas con efecto alto de derecha a carrera con golpe de derecha hasta la línea (consistencia)

Para este ejercicio debería lanzar sobre la soga un tiro de derecha con efecto alto o plano hasta la línea y hacer que la pelota aterrice en la parte más lejana de la cancha. Su compañero o entrenador deberán devolverle tiros de derecha hasta la línea. Su objetivo será alcanzar un intercambio mínimo de 20 pelotas sin fallar. Si falla, deberá comenzar desde cero. Continúe hasta pasar las 20 pelotas siguiendo este patrón de juego. Los tiros planos son aceptados pero este ejercicio es más efectivo si es realizado con tiros altos con efecto.

16. Sobre la soga 20 pelotas con efecto alto de revés a carrera con golpe de derecha hasta la línea (consistencia)

Para este ejercicio debería lanzar sobre la soga un tiro de revés con efecto alto o plano hasta la línea y hacer que la pelota aterrice en la parte más lejana de la cancha. Su compañero o entrenador deberán devolverle tiros de derecha hasta la línea. Su objetivo será alcanzar intercambio mínimo de 20 pelotas sin fallar. Si falla, deberá comenzar desde cero. Continúe hasta pasar las 20 pelotas siguiendo este patrón de juego. Los tiros planos son aceptados pero este ejercicio es más efectivo si es realizado con tiros altos con efecto.

17. Sobre la soga 20 pelotas con una persona lanzando golpes cruzados mientras que la otra realiza tiros directos a la línea (consistencia figura 8)

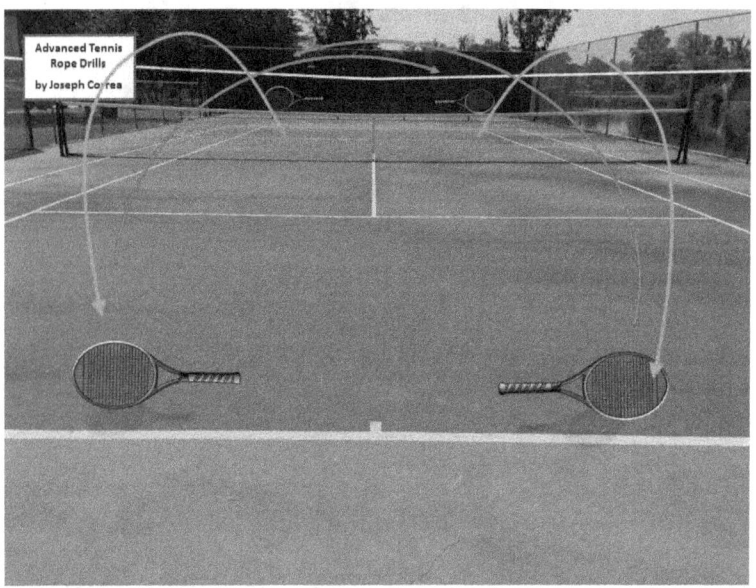

Para este ejercicio debería lanzar sobre la soga un tiro de derecha cruzado con efecto alto o plano y hacer que la pelota aterrice en la parte más lejana de la cancha. Su compañero o entrenador deberán devolverle tiros a su revés hasta la línea. Ahora deberá lanzar un tiro cruzado a su revés donde él le devolverá un tiro de revés hasta la línea a su derecha. Esta secuencia seguirá. Su objetivo será alcanzar intercambio mínimo de 20 pelotas sin fallar. Cada golpe a la pelota cuenta como 1. Si falla, deberá comenzar desde cero. Continúe hasta pasar las 20 pelotas siguiendo este patrón de juego. Los tiros planos son aceptados pero este ejercicio es más efectivo si es realizado con tiros altos con efecto.

18. Sobre la soga 20 pelotas con una persona lanzando hacia la línea mientras que la otra realiza golpes cruzados (consistencia figura 8)

Para este ejercicio debería lanzar sobre la soga un tiro de derecha con efecto alto o plano hasta la línea y hacer que la pelota aterrice en la parte más lejana de la cancha. Su compañero o entrenador deberán devolverle tiros de derecha cruzados a su revés. Usted debe ahora lanzar un golpe hasta la línea a su revés y él le devolverá un tiro cruzado a su derecha. Esta secuencia continuará. Su objetivo será alcanzar intercambio mínimo de 20 pelotas sin fallar. Cada golpe a la pelota contará como 1. Si falla, deberá comenzar desde cero. Continúe hasta pasar las 20 pelotas siguiendo este patrón de juego. Los tiros planos son aceptados pero este ejercicio es más efectivo si es realizado con tiros altos con efecto.

EJERCICIOS BAJO LA SOGA

19. Por debajo de la soga 20 pelotas con golpes de derecha cruzados a golpe de derecha con carrera

Para este ejercicio debería lanzar por debajo de la soga un tiro de derecha cruzado con efecto alto o plano y hacer que la pelota aterrice en la parte más lejana de la cancha. Su compañero o entrenador deberán devolverle tiros de derecha cruzados. Su objetivo será alcanzar intercambio mínimo de 20 pelotas sin fallar. Si falla, deberá comenzar desde cero. Continúe hasta pasar las 20 pelotas siguiendo este patrón de juego. Los tiros planos son aceptados pero este ejercicio es más efectivo si es realizado con tiros altos con efecto.

20. Por debajo de la soga 20 pelotas de revés cruzado a golpe de revés con carrera

Para este ejercicio debería lanzar por debajo de la soga un tiro de revés cruzado con efecto alto o plano y hacer que la pelota aterrice en la parte más lejana de la cancha. Su compañero o entrenador deberán devolverle tiros de revés cruzados. Su objetivo será alcanzar intercambio mínimo de 20 pelotas sin fallar. Si falla, deberá comenzar desde cero. Continúe hasta pasar las 20 pelotas siguiendo este patrón de juego. Los tiros planos son aceptados pero este ejercicio es más efectivo si es realizado con tiros altos con efecto.

21. Por debajo de la soga 20 pelotas hasta la línea de derecha a golpe de revés con carrera

Para este ejercicio debería lanzar por debajo de la soga un tiro de derecha con efecto alto o plano hasta la línea y hacer que la pelota aterrice en la parte más lejana de la cancha. Su compañero o entrenador deberán devolverle tiros de revés hasta la línea. Su objetivo será alcanzar intercambio mínimo de 20 pelotas sin fallar. Si falla, deberá comenzar desde cero. Continúe hasta pasar las 20 pelotas siguiendo este patrón de juego. Los tiros planos son aceptados pero este ejercicio es más efectivo si es realizado con tiros altos con efecto.

22. Por debajo de la soga 20 pelotas hasta la línea de derecha a golpe de derecha con carrera

Para este ejercicio debería lanzar por debajo de la soga un tiro de revés con efecto alto o plano hasta la línea y hacer que la pelota aterrice en la parte más lejana de la cancha. Su compañero o entrenador deberán devolverle tiros hasta la línea a su derecha. Su objetivo será alcanzar intercambio mínimo de 20 pelotas sin fallar. Si falla, deberá comenzar desde cero. Continúe hasta pasar las 20 pelotas siguiendo este patrón de juego. Los tiros planos son aceptados pero este ejercicio es más efectivo si es realizado con tiros altos con efecto.

23. Por debajo de la soga 20 pelotas golpe de revés cruzado de costado con carrera

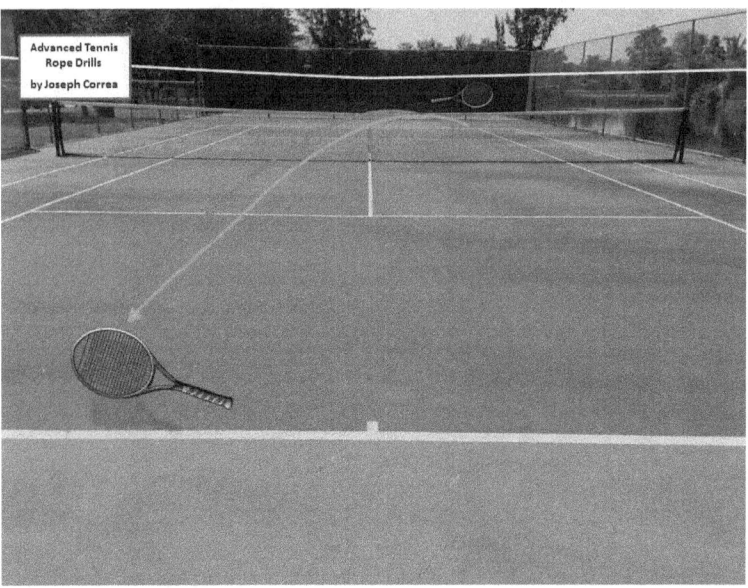

Para este ejercicio debería lanzar por debajo de la soga un tiro de costado de revés cruzado y su compañero o entrenador deberán devolverle tiros de costado cruzados. Su objetivo será alcanzar intercambio mínimo de 20 pelotas sin fallar. Si falla, deberá comenzar desde cero. Continúe hasta pasar las 20 pelotas siguiendo este patrón de juego.

24. Por debajo de la soga 20 pelotas con una persona lanzando tiros cruzados mientras que la otra sólo golpea hasta la línea para crear una figura 8

Para este ejercicio debería lanzar por debajo de la soga un tiro de derecha cruzado con efecto alto o plano. Su compañero o entrenador deberán devolverle tiros hasta la línea a su derecha. Ahora usted les lanza un tiro cruzado a su revés donde ellos devolverán un tiro hasta la línea a su derecha. Su objetivo será alcanzar intercambio mínimo de 20 pelotas sin fallar. Cada golpe de pelota cuenta como 1. Si falla, deberá comenzar desde cero. Continúe hasta pasar las 20 pelotas siguiendo este patrón de juego. Los tiros planos son aceptados pero este ejercicio es más efectivo si es realizado con tiros altos con efecto.

25. Por debajo de la soga 20 pelotas con una persona lanzando hasta la línea mientras que la otra sólo lanza golpes cruzados para crear la figura 8

Para este ejercicio debería lanzar por debajo de la soga un tiro de derecha con efecto alto o plano hasta la línea y hacer que la pelota aterrice en la parte más lejana de la cancha. Su compañero o entrenador deberán devolverle tiros cruzados a su revés. Ahora usted deberá hacer un tiro hasta la línea a su revés y ellos le devolverán un tiro cruzado a su derecha. Esta secuencia continuará. Su objetivo será alcanzar intercambio mínimo de 20 pelotas sin fallar. Cada golpe de pelota cuenta como 1. Si falla, deberá comenzar desde cero. Continúe hasta pasar las 20 pelotas siguiendo este patrón de juego. Los tiros planos son aceptados pero este ejercicio es más efectivo si es realizado con tiros altos con efecto.

EJERCICIOS SOBRE Y DEBAJO LA LÍNEA

26. Una persona golpea de derecha con efecto alto sobre la soga mientras que la otra lanza un golpe de derecha cruzado por debajo de la soga

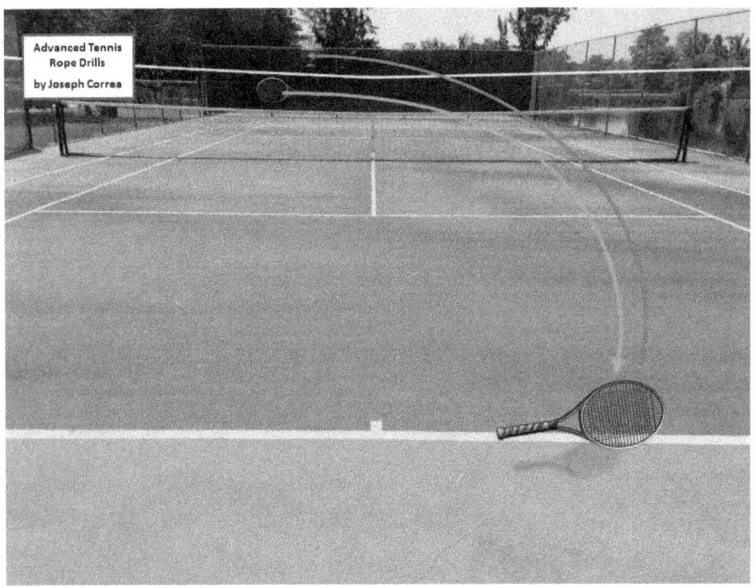

Para este ejercicio debería lanzar sobre la soga un tiro de derecha cruzado con efecto alto o plano y hacer que la pelota aterrice en la parte más lejana de la cancha. Su compañero o entrenador deberán devolverle tiros de derecha cruzados por debajo de la soga a usted. Su objetivo será alcanzar intercambio mínimo de 20 pelotas sin fallar. Si falla, deberá comenzar desde cero. Continúe hasta pasar las 20 pelotas siguiendo este patrón de juego. Los tiros planos son aceptados pero este ejercicio es más efectivo si es realizado con tiros altos con efecto.

27. Una persona golpea de revés con efecto alto sobre la soga mientras que la otra lanza un golpe de revés cruzado por debajo de la soga

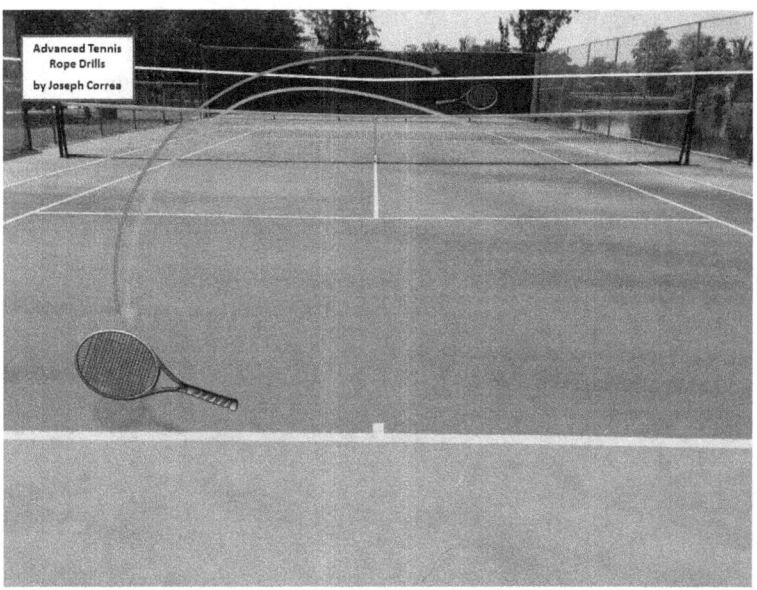

Para este ejercicio debería lanzar sobre la soga un tiro de revés cruzado con efecto alto o plano y hacer que la pelota aterrice en la parte más lejana de la cancha. Su compañero o entrenador deberán devolverle tiros de revés cruzados. Su objetivo será alcanzar intercambio mínimo de 20 pelotas sin fallar. Si falla, deberá comenzar desde cero. Continúe hasta pasar las 20 pelotas siguiendo este patrón de juego. Los tiros planos son aceptados pero este ejercicio es más efectivo si es realizado con tiros altos con efecto.

28. Una persona golpea de derecha con efecto alto sobre la soga mientras que la otra golpea de revés hasta la línea por debajo de la soga

Para este ejercicio debería lanzar sobre la soga un tiro de derecha con efecto alto o plano hasta la línea y hacer que la pelota aterrice en la parte más lejana de la cancha. Su compañero o entrenador deberán devolverle tiros de revés hasta la línea por debajo de la soga a usted. Su objetivo será alcanzar intercambio mínimo de 20 pelotas sin fallar. Si falla, deberá comenzar desde cero. Continúe hasta pasar las 20 pelotas siguiendo este patrón de juego. Los tiros planos son aceptados pero este ejercicio es más efectivo si es realizado con tiros altos con efecto.

29. Una persona golpea de revés con efecto alto sobre la soga mientras que la otra golpea de derecha hasta la línea por debajo de la soga

Para este ejercicio debería lanzar sobre la soga un tiro de revés con efecto alto o plano hasta la línea y hacer que la pelota aterrice en la parte más lejana de la cancha. Su compañero o entrenador deberán devolverle tiros de derecha hasta la línea por debajo de la soga a usted. Su objetivo será alcanzar intercambio mínimo de 20 pelotas sin fallar. Si falla, deberá comenzar desde cero. Continúe hasta pasar las 20 pelotas siguiendo este patrón de juego. Los tiros planos son aceptados pero este ejercicio es más efectivo si es realizado con tiros altos con efecto.

30. Una persona golpea de revés con efecto alto sobre la soga mientras que la otra golpea de revés cruzado por debajo de la soga

Para este ejercicio debería lanzar sobre la soga un tiro de revés cruzado con efecto alto o plano y hacer que la pelota aterrice en la parte más lejana de la cancha. Su compañero o entrenador deberán devolverle tiros de costado cruzados por debajo de la soga a usted. Su objetivo será alcanzar intercambio mínimo de 20 pelotas sin fallar. Si falla, deberá comenzar desde cero. Continúe hasta pasar las 20 pelotas siguiendo este patrón de juego. Los tiros planos son aceptados pero este ejercicio es más efectivo si es realizado con tiros altos con efecto.

31. Una persona golpea de derecha con efecto alto sobre la soga mientras que la otra golpea de derecha cruzado hacia adentro y hacia afuera por debajo de la red

Para este ejercicio debería lanzar sobre la soga un tiro de derecha con efecto alto o plano hasta la línea y hacer que la pelota aterrice en la parte más lejana de la cancha. Su compañero o entrenador deberán devolverle tiros de derecha hasta la línea por debajo de la soga a usted. Su objetivo será alcanzar intercambio mínimo de 20 pelotas sin fallar. Si falla, deberá comenzar desde cero. Continúe hasta pasar las 20 pelotas siguiendo este patrón de juego. Los tiros planos son aceptados pero este ejercicio es más efectivo si es realizado con tiros altos con efecto.

CAPÍTULO 8: Ejercicios de puntos

32. Puntos hasta 10 sólo sobre la soga sin saque

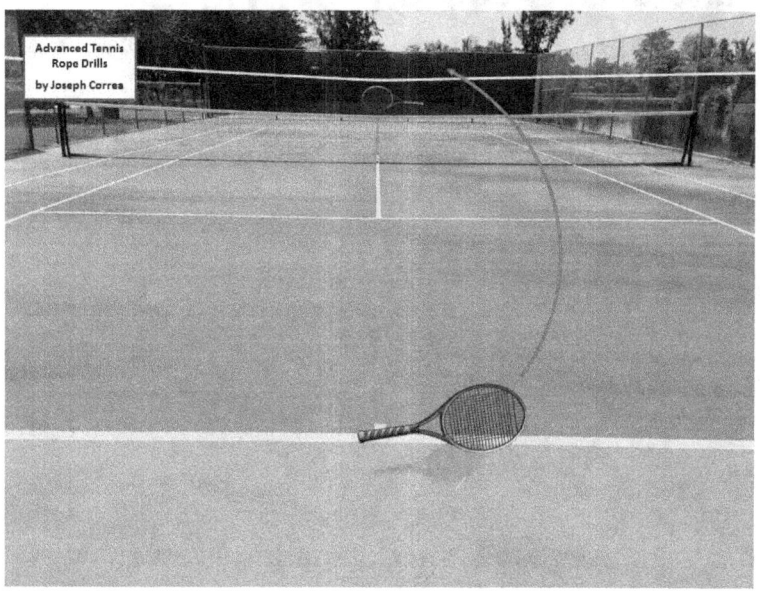

Juegue hasta 10 puntos donde el ganador es quien llega a 10 sólo golpeando por sobre la soga.

33. Puntos hasta 10 sólo por debajo de la soga sin saque

Juegue hasta 10 puntos donde el ganador es quien llega a 10 sólo golpeando por debajo de la soga.

34. Puntos hasta 10 dónde sólo una persona puede tirar sobre la soga mientras que la otra sólo puede lanzar por debajo de la soga sin saque

Juegue hasta 10 puntos donde el ganador es quien llega a 10 sólo golpeando por sobre la soga una de las personas y la otra por debajo de la soga.

35. Puntos hasta 10 (con saque) sobre la soga (el saque pasa por debajo de la soga todas las veces a no ser que esté lanzando un tiro con efecto alto o un golpe fuerte)

Juegue hasta 10 puntos donde el ganador es quien llega a 10 sólo golpeando por sobre la soga y comenzando el punto con un saque que siempre debería pasar por debajo de la soga.

36. Puntos hasta 10 (con saque) por debajo de la soga (el saque por debajo de la soga todas las veces a no ser que usted esté lanzando un tiro con efecto alto o un golpe fuerte)

Juegue hasta 10 puntos donde el ganador es quien llega a 10 sólo golpeando por debajo de la soga y comenzando el punto con un saque que siempre debería pasar por debajo de la soga.

CAPÍTULO 9: EJERCICIOS DE PUNTOS NORMALES SIN SOGA

37. Puntos hasta 10 sin saque sólo con golpes de derecha cruzados

Lance la pelota con la mano a la derecha de su oponente y luego juegue el punto cruzado para que ambos lancen golpes cruzados hasta que uno de los dos gane el punto o uno de ustedes falle y le dé a la red o saque la pelota fuera de la cancha.

Recuerde que si uno de ustedes o ambos son zurdos deberán hacer los ajustes necesarios para este ejercicio. La primera persona en conseguir 10 puntos gana. No existe la estructura de "diferencia por 2 puntos" en estos ejercicios.

38. Puntos hasta 10 sin saque sólo de revés cruzados

Lance la pelota con la mano al revés de su oponente y luego juegue el punto cruzado para que ambos lancen golpes cruzados hasta que uno de los dos gane el punto o uno de ustedes falle y le dé a la red o saque la pelota fuera de la cancha.

Recuerde que si uno de ustedes o ambos son zurdos deberán hacer los ajustes necesarios para este ejercicio. La primera persona en conseguir 10 puntos gana. No existe la estructura de "diferencia por 2 puntos" en estos ejercicios.

39. Puntos hasta 10 sin saque sólo hasta la línea de revés a derecha

Lance la pelota con la mano a la derecha de su oponente y luego juegue el punto hasta la línea para que ambos lancen tiros hasta que uno de los dos gane el punto o uno de ustedes falle y le dé a la red o saque la pelota fuera de la cancha.

Recuerde que si uno de ustedes o ambos son zurdos deberán hacer los ajustes necesarios para este ejercicio. La primera persona en conseguir 10 puntos gana. No existe la estructura de "diferencia por 2 puntos" en estos ejercicios.

40. Puntos hasta 10 sin saque sólo hasta la línea de derecha a revés

Lance la pelota con la mano al revés de su oponente y luego juegue el punto hasta la línea para que ambos sigan lanzando tiros hasta que uno de los dos gane el punto o uno de ustedes falle y le dé a la red o saque la pelota fuera de la cancha.

Recuerde que si uno de ustedes o ambos son zurdos deberán hacer los ajustes necesarios para este ejercicio. La primera persona en conseguir 10 puntos gana. No existe la estructura de "diferencia por 2 puntos" en estos ejercicios.

41. Puntos hasta 10 con saque sólo de derecha cruzados

Lance la pelota con la mano a la derecha de su oponente y luego juegue el punto cruzado para que ambos lancen golpes cruzados hasta que uno de los dos gane el punto o uno de ustedes falle y le dé a la red o saque la pelota fuera de la cancha.

Recuerde que si uno de ustedes o ambos son zurdos deberán hacer los ajustes necesarios para este ejercicio. La primera persona en conseguir 10 puntos gana. No existe la estructura de "diferencia por 2 puntos" en estos ejercicios.

42. Puntos hasta 10 con saque sólo de revés cruzados

Lance la pelota con la mano a la derecha de su oponente y luego juegue el punto hasta la línea para que ambos lancen golpes cruzados hasta que uno de los dos gane el punto o uno de ustedes falle y le dé a la red o saque la pelota fuera de la cancha.

Recuerde que si uno de ustedes o ambos son zurdos deberán hacer los ajustes necesarios para este ejercicio. La primera persona en conseguir 10 puntos gana. No existe la estructura de "diferencia por 2 puntos" en estos ejercicios.

43. Puntos hasta 10 con saque sólo hasta la línea de derecha

Haga un saque a la derecha de su oponente y luego juegue el punto hasta la línea para que ambos lancen golpes cruzados hasta que uno de los dos gane el punto o uno de ustedes falle y le dé a la red o saque la pelota fuera de la cancha.

Recuerde que si uno de ustedes o ambos son zurdos deberán hacer los ajustes necesarios para este ejercicio. La primera persona en conseguir 10 puntos gana. No existe la estructura de "diferencia por 2 puntos" en estos ejercicios.

44. Puntos hasta 10 con saque sólo hasta la línea de revés

Haga un saque hacia el revés de su oponente y luego juegue el punto hasta la línea para que ambos lancen golpes cruzados hasta que uno de los dos gane el punto o uno de ustedes falle y le dé a la red o saque la pelota fuera de la cancha.

Recuerde que si uno de ustedes o ambos son zurdos deberán hacer los ajustes necesarios para este ejercicio. La primera persona en conseguir 10 puntos gana. No existe la estructura de "diferencia por 2 puntos" en estos ejercicios.

45. Puntos hasta 10 donde una persona sólo puede lanzar tiros cruzados y la otra sólo puede lanzar hasta la línea sin saque

Lance la pelota con la mano a la derecha de su oponente y luego juegue el punto cruzado para que ambos lancen golpes cruzados hasta que uno de los dos gane el punto o uno de ustedes falle y le dé a la red o saque la pelota fuera de la cancha.

Recuerde que si uno de ustedes o ambos son zurdos deberán hacer los ajustes necesarios para este ejercicio. La primera persona en conseguir 10 puntos gana. No existe la estructura de "diferencia por 2 puntos" en estos ejercicios.

46. Puntos hasta 10 donde una persona sólo puede lanzar hasta la línea y la otra sólo puede lanzar tiros cruzados sin saque

Lance la pelota con la mano a la derecha de su oponente y luego juegue el punto cruzado para que ambos lancen golpes cruzados hasta que uno de los dos gane el punto o uno de ustedes falle y le dé a la red o saque la pelota fuera de la cancha.

Recuerde que si uno de ustedes o ambos son zurdos deberán hacer los ajustes necesarios para este ejercicio. La primera persona en conseguir 10 puntos gana. No existe la estructura de "diferencia por 2 puntos" en estos ejercicios.

47. Puntos hasta 10 donde una persona sólo puede lanzar tiros cruzados y la otra sólo puede lanzar hasta la línea con saque

Haga un saque a su oponente y luego juegue el punto cruzado mientras su compañero sólo golpea hasta la línea para crear un figura 8. Mantenga la pelota en juego hasta que uno de los dos gane el punto o uno de ustedes falle y le dé a la red o saque la pelota fuera de la cancha.

Recuerde que si uno de ustedes o ambos son zurdos deberán hacer los ajustes necesarios para este ejercicio. La primera persona en conseguir 10 puntos gana. No existe la estructura de "diferencia por 2 puntos" en estos ejercicios.

48. Puntos hasta 10 donde una persona sólo puede lanzar hasta la línea y la otra sólo puede lanzar tiros cruzados con saque

Haga un saque a su oponente y luego juegue el punto cruzado mientras su compañero sólo golpea hacia la línea para crear la figura 8. Mantenga la pelota en juego hasta que uno de los dos gane el punto o uno de ustedes falle y le dé a la red o saque la pelota fuera de la cancha.

Recuerde que si uno de ustedes o ambos son zurdos deberán hacer los ajustes necesarios para este ejercicio. La primera persona en conseguir 10 puntos gana. No existe la estructura de "diferencia por 2 puntos" en estos ejercicios.

49. Puntos hasta 10 sin saque. Complete puntos normales sin seguir ningún patrón de juego.

Lance la pelota con la mano a su oponente y luego juegue el punto normalmente sin seguir ningún patrón de juego. Mantenga la pelota en juego hasta que uno de los dos gane el punto o uno de ustedes falle y le dé a la red o saque la pelota fuera de la cancha.

Recuerde que si uno de ustedes o ambos son zurdos deberán hacer los ajustes necesarios para este ejercicio. La primera persona en conseguir 10 puntos gana. No existe la estructura de "diferencia por 2 puntos" en estos ejercicios.

50. Puntos hasta 10 con saque. Complete puntos normales sin seguir ningún patrón de juego.

Haga un saque a su oponente y luego juegue el punto sin seguir ningún patrón de juego. Mantenga la pelota en juego hasta que uno de los dos gane el punto o uno de ustedes falle y le dé a la red o saque la pelota fuera de la cancha.

Recuerde que si uno de ustedes o ambos son zurdos deberán hacer los ajustes necesarios para este ejercicio. La primera persona en conseguir 10 puntos gana. No existe la estructura de "diferencia por 2 puntos" en estos ejercicios.

51. Juegue un set completo con saque jugando solamente con tiros cruzados mientras su compañero sólo lanza hasta la línea.

52. Juegue un set completo con saque jugando solamente tiros hasta la línea mientras que su compañero sólo lanza tiros cruzados.

53. Juegue un set completo utilizando el patrón de juego que desee.

54. Juegue un partido completo utilizando el patrón de juego que desee.

MÁS TÍTULOS POR JOSEPH CORREA

Programa de entrenamiento de Saque fuerte de tenis

Este DVD le enseñará cómo realizar saques 10-20mph más rápidos con un programa de 3 meses, día a día. El mejor programa de entrenamiento de saques en el mercado. El video incluye un cuadro de entrenamiento de 3 meses y un manual paso a paso. Este DVD le muestra cómo hacer los ejercicios correctamente y el proceso que debería seguir para lograr el éxito en el programa.

Joseph Correa es un tenista profesional y entrenador que ha competido y enseñado por todo el mundo torneos ITF y ATP por varios años. Además de ser un tenista profesional posee la certificación de entrenador profesional de USPTR y la certificación ITF para entrenar niños.

Las 33 leyes del tenis

Las 33 leyes del tenis es un libro repleto de conceptos valiosos del tenis que le ayudarán a ser un mejor y bien preparado tenista. Escrito por un tenista profesional y entrenador de los Estados Unidos. Es un libro muy útil que será de gran ayuda cuando menos lo esperas y le recordará muchas pequeñas pero importantes cosas antes de competir.

Trabajo de pies y cardio para el tenis por Joseph Correa

Joseph Correa es un tenista profesional y entrenador que ha competido y enseñado por todo el mundo torneos ITF y ATP por varios años. Además de ser un tenista profesional posee la certificación de entrenador profesional de USPTR y la certificación ITF para entrenar niños.

Póngase en forma y mejore su movilidad dentro y fuera de la cancha de tenis. Su trabajo de pies mejorará drásticamente, asimismo reforzará su centro y cuerpo superior. Este es definitivamente valioso para un jugador de tenis sin importar su nivel. Será más rápido, más fuerte y más ágil en la cancha. También notará un incremento en la aceleración de sus golpes de piso y sus saques. Creado por un tenista profesional para otros jugadores para que avancen en su juego y ganen más partidos.

Tenis Yoga por Joseph Correa

Tenis Yoga por Joseph Correa es una gran forma de mejorar su flexibilidad y agilidad en la cancha. Alcance más pelotas y sufra menos lesiones. Es una gran manera de ganar más al trabajar en una parte diferente de su juego. El DVD dura aproximadamente 30 minutos. Utilizado por tenistas principiantes y profesionales para mejorar su juego y durar más en los partidos. Esta es la mejor manera para que un tenista sea más flexible y se libere de las más comunes lesiones de espalda, rodilla, hombros, tendones, pantorrilla y cuádriceps. Se alegrará de empezar! Esta es una versión mejorada de nuestra MBS Tenis Yoga 2012.

Abs del tenis por Joseph Correa

Los Abs del tenis es una gran forma de reforzar su centro para saques, golpes derechos y reveses más poderosos, así también como voleas más fuertes. Los abdominales son fundamentales para un juego mejor. Este DVD trabaja con varios tipos de ejercicios, sentadillas, y abdominales laterales y también ejercicios para la espalda que no encontrará en ningún otro video de abdominales. Siéntase con gran confianza cuando se cambia la camiseta durante su partido y golpee la pelota más fuerte!

www.ingramcontent.com/pod-product-compliance
Lightning Source LLC
Chambersburg PA
CBHW070141080526
44586CD00015B/1790